丛书编委会

斯温伯恩

胡自信 著

大家精要

Swinburne

陕西師範大學出版总社

图书代号 SK16N1014

图书在版编目(CIP)数据

斯温伯恩 / 胡自信著. —西安：陕西师范大学出版总社有限公司，2017.1（2024.1重印）
（大家精要）
ISBN 978-7-5613-8741-2

Ⅰ. ①斯… Ⅱ. ①胡… Ⅲ. ①斯温伯恩（Swinburne, Richard 1934— ）—传记 Ⅳ. ①B561.6

中国版本图书馆CIP数据核字（2016）第272634号

斯温伯恩 SIWENBO'EN

胡自信 著

责任编辑 郑若萍
责任校对 陈柳冬雪
特约编辑 宋亚杰
封面设计 张潇伊
出版发行 陕西师范大学出版总社
（西安市长安南路199号 邮编 710062）
网 址 http://www.snupg.com
印 制 永清县晔盛亚胶印有限公司
开 本 650 mm × 930 mm 1/16
印 张 10
字 数 100千
版 次 2017年1月第1版
印 次 2024年1月第2次印刷
书 号 ISBN 978-7-5613-8741-2
定 价 45.00元

读者购书、书店添货或发现印刷装订问题，请与本公司销售部联系、调换。
电话：（029）85303879 传真：（029）85307864 85303629

目　录

第 1 章

走近斯温伯恩

成名成家是很多人的理想。名家之所以有名，主要不是因为他（或她）的私人生活，而是因为他的成就。我们羡慕名人的成就，也羡慕他的生活。我们知道，成就与生活不可分。音乐家活在音乐中，艺术家活在艺术中，文学家活在文学创作中，科学家活在科学探索中，历史学家活在历史研究中，企业家活在企业管理中，投资家活在投资项目中。同样的道理，思想家活在思想中。没有思想，也就没有思想家。反过来说也一样：没有思想家，也就没有思想。读者也许会问：我们不是思想家，但是我们有思想；怎么能说“没有思想家，就没有思想”呢？思想家所谓“思想”与平常我们所谓“思想”是不同的。我们只是思想，我们的思想可能包含着矛盾或含混不清之处，但是我们不会深入细致地考察这些思想；思想家就不同了，他们的任务是，考察我们的思想，而且是深入细致地考察，以防矛盾或含混不清隐藏其中。因此，思想家的思想是“思想的思想”。

我们不仅想了解名人的成就，而且想了解他们的生活。我们想知道，他们生活、工作于何时、何地，他们过得好不好。我们甚至想知道，他们长得如何。具体地说，我们不仅想了解爱因斯坦的科学成就，而且想了解其个人生活；我们不仅想理解黑格尔的哲学，还想了解其日常生活；我们不仅喜欢杜甫的诗，而且希望了解他这个人。这种想法是有道理的，也是自然而然的。“时势造英雄。”一方面，名家不可能超越其时代。他必然是时代生活的一部分。他的成就立足于他的时代。另一方面，我们也必须认识到，名家必然要超越其时代。他的思想、感情与成就必然超越其同时代人。唯因如此，游览过泰山的人很多，写出名诗的人很少。这就是杜甫与其《望岳》的超越之处。综合这两个方面，我们发现，既立足于时代，又超越时代，是名家的一大特征。这个特征说明，名家的成就不等于名家的生活，但是不理解他们的生活，我们就不能很好地理解其成就。

一、斯温伯恩小传

1934 年 12 月 26 日出生于英国斯坦福郡斯梅西克市的斯温伯恩是宗教哲学特别是基督教哲学领域的名人，很多人想了解他的思想和生活。于是他写了一篇自传性的文章，题为“一个自然神学家的使命”。自然神学家的特点是，强调自然对上帝的证明力。该文名为“自传”，实际上是他的“学术自传”或“思想历程”。如上所述，思想家活在思想中。对他来说，人生即思想，思想即人生。他说，从他能够记事开始，他就以基督徒的方式思考过，而且祈祷过。然而，他的父母都不是基督徒。他上的中学是“私立学校”（public school）。斯温伯恩特意给“私立学校”加上引号，也许是因为英国英语的这种特殊叫法。Public school 字面意思是“公立学校”，但是在英国，它指的是“私立学校”。中学毕业后，斯温伯恩开始服兵役。服役期间，他的主要任务是学习俄语，因为在当时的历史条件下，苏联被当作英国未来战争中的敌人。1954 年，他就读于牛津大学。他喜欢思考大问题。因此，大学期间，他选择了“哲学、政治学与经济学”专业，侧重哲学。这时，他已经清楚地认识到，做一个基督徒，是他人生的第一要务。与此同时，他也清楚地知道，当时的思想和文化是反基督教的，他的选择不合时宜。占统治地位的是自然主义思潮。科技的进步意味着“基督教的落伍”。基督教与科学格格不入。

斯温伯恩说，让他感到不安的是教会对待这种冲突的态度。牧师只顾讲道，全然不顾科学、哲学或伦理学的进步。用我们的话说，牧师坚持教条主义，丝毫不懂得理论联系实际。如果有人问，为什么要相信《圣经》?《圣经》中的科学不是早已过时了吗？道德真理不就是一些主观意见吗？为什么要相信上帝存在呢？教会的回答是：宗教是“信仰”的事情。斯温伯恩说，面对新的知识，教会的懒惰和冷漠令他震惊。1954 年，英国总人口的 20%还是基督徒。如果教会不改变其对待已经进步了的思想文化的态度，基督徒的比例还会下降。当时，有影响的基督徒神学家都是德国人，主要代表是卡尔·巴特。在斯温伯恩看来，这些思想家缺乏严密性，喜欢谈论大问题，得出大结论。他们的写作更像文学，而不像科学。与此同时，在英美思想界占主导地位的逻辑实证主义，虽有严密性，却盲目排斥包括基督教在内的传统哲学。斯温伯恩说，他本来打算做一个牧师，后来他认识到，做一个基督徒哲学家具有非常重要的意义。他要用现代科学知识和逻辑实证主义的严密方法，来论证基督教信仰的合理性。于是，1954 年至 1957 年，在牛津大学完成了本科学业之后，他开始实现其做哲学家的梦想。

按照当时的规定，要在哲学系谋职，就必须有哲学方面的学位。1957 年至 1959 年，他开始在牛津大学攻读哲学学士学位。1959 年至 1960 年，他又在牛津大学神学系攻读神学学士学位。这种跨越哲学和神学两个不同学科的学术背景，为他以后的研究和写作，奠定了坚实的基础。

这只是斯温伯恩学术道路上的两个重要阶段。1960 年至 1963 年，是他学术发展的第三个重要阶段。他开始专攻当代世界观的主要堡垒——当代科学理论。物理学领域的相对论与量子力学、生物学领域的进化论与遗传学等，都成为他的研究对象。他谦虚地说，当时他很无知，因为学校没有开设这方面的课程。幸运的是，就在这个时期，他获得了牛津大学和利兹大学的两项奖学金，可以专心研究现代科学和科学史了。从斯温伯恩的学习经历，我们不难看出，为了实现其哲学家的梦想，他的准备工作是多么充分、多么细致！在我看来，很少哲学家具备他这样的学养。难怪香港浸会大学教授关启文说，最初读斯温伯恩的书时，他很吃惊。一个哲学家竟然有如此渊博的学识！

1963 年至 1972 年，斯温伯恩就职于英国赫尔大学，先后担任该校哲学系的讲师与高级讲师。1972 年至 1985 年，他就任英国基尔大学哲学教授。1985 年至 2002 年，斯温伯恩担任牛津大学哲学系基督教哲学诺罗斯讲席教授。2002 年退休。教授的生活就是思考、教学和写作。斯温伯恩的成就起源于其求学时代。1963 年至退休，是其收获的时代。他著作等身，桃李满天下。

二、当代的阿奎那——斯温伯恩

求知是人的本性。古希腊大哲学家亚里士多德的这个论断简单而深刻，日常生活中的许多事情都能证明这个观点。

“是什么？”“为什么？”“如何才能？”

我们的衣食住行包含着许多“是什么？”“为什么？”以及“如何才能？”例如对一个备战高考的学生来说，他心里一定会问：大学是什么？为什么上大学？如何才能在大学里取得好成绩？对一个商人来说，他也会提出类似的问题：做什么生意才能赚钱？为什么要做这种生意？如何才能取得成功？教师也不例外，对他来说，最重要、最基本的问题也许是：我能教什么？为什么要教这种知识？如何才能把这种知识传授给学生？这些例子说明，求知不仅是人的本性，而且是生存的基本条件。没有生存的知识，则不知道如何生存，何以生存。您也许在影视节目中看过这样的故事：勇敢的战士具有超强的野外生存能力，他们知道，在孤身进入原始森林后，应该如何辨别方向，如何寻找水源，如何觅食，如何保存体力，如何休息，如何防止野兽袭击，如何自救，等等。这些“如何”都是知识。知识意味着生存，无知意味着危险或死亡。性情平和的亚里士多德没有把知识与生存联系起来，但是他所谓“求知是人的本性”显然包含着类似的思想。从表面看，有知与无知不会直接影响一个推销员的业绩。一个推销员不会因为多读了几本书，就业绩大增；另外一个推销员也不会因为少读几本书，就业绩平平。但是从深层看，知识的多少一定会影响一个推销员的业绩；成功的推销员不仅懂得如何推销产品，而且懂得如何学习。学习是他的习惯，也是他的法宝。他不仅总结自己的销售经验，而且虚心学习别人的经验，除此之外，他还喜欢各种相关和不相关的知识。把这些知识加起来，他就是一个拥有丰富知识的人，一个高素质的视野开阔的推销员。从这个角度看，知识是他取得成功的间接原因。知识影响他的营销策略，营销策略直接影响他的业绩。

我学习基督教文化也是为了求知。大约九年前，一些老师和学友把我引入这个领域。对我来说，这是一个全新的世界。我很感兴趣，因为我很好奇，怀有强烈的求知欲。我想弄清楚：宗教特别是基督教，究竟是什么？为什么有那么多人相信它？如何才能解释它与科学的关系？众所周知，西方的发达主要在科技，而不在宗教。让我难以理解的是，一方面是发达的科学技术，另一方面是虔诚的基督徒。这个事实与我以前学到的知识正好相反。以前我一直认为，宗教就是迷信，迷信就是无知。知识与宗教迷信是对立的。知识越多，就越不相信宗教。开始学习基督教文化之后，我发现，以前这个观点与新的事实不符。“新的事实”其实不新，比如说17世纪的英国大科学家牛顿，就是虔诚的基督徒。很多文学家、艺术家也是基督徒。对我来说，这是一个“新现象”，需要解释。他们很有知识，却相信宗教，这是为什么？看来，我们不能简单地把宗教等同于无知。我们不能说，牛顿没有知识。需要我们思考的是，他既有知识，又信仰上帝，这是为什么？

在寻找答案的过程中，一些专家学者成了我的良师益友。在他们的指导下，我开始一边学习一边翻译这方面的著作。我认为，学习和翻译是相辅相成的。学习能够开阔我们的视野，深化我们的认识；翻译能够澄清我们的思想，细化我们的理解。不学习，翻译的时候就会出错；不翻译，学习的时候难免误入歧途，因为译文毕竟不同于原文。就我个人而言，我是有条件读英文原著的。我是英语专业的本科生，后来改修西方哲学，取得了西方哲学的硕士和博士学位。做学术翻译是我内心深处的一种偏好。外语专业特别是英语专业的学生，通常有两大希望：一是希望具有较高的翻译能力，二是希望理解基督教。即将毕业的大学四年级学生，竟然能够坚持上课，听我讲述基督教与西方文化！我虽然是老师，却仍然保持着英语专业本科生的这些特点，我也想提高自己的翻译能力，也想理解基督教。这个事实背后的原因很简单：语言和文化不可分；语言承载文化，文化渗透语言。我做学术翻译，主要是为了提高翻译能力，为那些不能读英语原著或读不到英语原著的读者，介绍基督教文化。为了这个目的，我开始翻译基督教文化方面的书籍。翻译得多了，我的思想逐渐明朗起来。我开始认识到，西方人对基督教的态度不尽相同，有人相信，有人怀疑，还有人批判。基督徒是信徒，无神论者是怀疑者或批判者。

普通人也可以了解西方的宗教文化

我不信教，学习和翻译基督教文化完全是出于学术兴趣。我曾问一位美国哲学家：我不是信徒，但是我想了解基督教的基本思想，这是否可能？他的回答是肯定的。这也许是客气，也许是鼓励，也许真的可能。我愿意相信最后一种可能性。为什么？因为另一位著名学者、牛津大学教授 A. E. 迈克格拉斯也认为，非信徒照样可以理解基督教。当然，这是就基督教的某些思想而言。基督教的另外一些思想，如基督徒对上帝的感知，非信徒是不可能真正理解的。基督徒思想家所谓的“宗教经验”是非信徒无法企及的。不参加宗教活动，不祷告，不做礼拜，何以感知上帝？所以有人认为，不是基督徒，就不可能理解基督教。这些人认为，宗教经验是关键，没有这种经验，就不能理解基督教。我不同意这种观点，而是同意那个美国哲学家与迈克格拉斯的观点。于是我作为一个“局外人”，开始学习和翻译基督教思想方面的著作。哪些思想容易理解，哪些不容易理解，我深有感触。面对诸多基督徒思想家，理查德·斯温伯恩的著述使我产生了浓厚的兴趣。就基督教哲学而言，他是当代著名的自然神学家。自然神学的主要特点是，通过自然认识上帝。与自然神学相对应的另外一种神学传统，叫作启示神学。启示神学的特点是，通过上帝的启示或恩典认识上帝。很多学者认为，前者强调理性的作用，提倡摆事实、讲道理，比较容易理解。对我们无神论者来说，与启示神学相比，自然神学显然更容易理解。因为无神论者不知道什么是启示或恩典，却知道什么是宇宙或自然界。幸运的是，1999 年，我获得国家留学基金的资助，得以赴牛津大学，随斯温伯恩教授学习基督教哲学。

为什么要写他？原因有二。首先，他是自然神学家，他的思想比较容易理解。不仅如此，他的文风清晰、简约、严密而深刻。这是其写作风格，也是其思想特征。他常说，只有想得清楚，才能写得明白。这里所谓清晰、简约、严密、深刻，类似于上一段所谓摆事实、讲道理。我觉得，摆事实、讲道理的说法尽管通俗易懂，却有些笼统；比较而言，清晰、简约、严密而深刻的说法，显然更加明确、具体。从斯温伯恩的著述看，清晰、简约、严密而深刻是“四位一体”的，其一包含其他。“清晰”的意思是，他能把“深刻”的哲理以“简约而严密”的方式表述出来。我们是无神论者，对我们来说，他的可读性恰恰在于，他不是从超验的上帝出发，而是从谁都知道、谁都认可的经验事实出发。通过摆事实、讲道理，他向读者介绍了基督徒心目中的上帝。用他的例子来说，上帝是一个人，但不是一个普通的人，而是一个没有具体形象的人；我们有一定的能力，上帝也有，二者的不同之处在于，上帝是全知、全能、全善、完全自由的，是宇宙万物的创造者，我们不是。谁都知道，这是基督教最基本、最核心的思想。“上帝是一个人”的意思是，基督徒相信，上帝和每个人一样，是自由的，有行为能力，也有某种目的和实现这些目的的手段。这是上帝和人类的共同之处。然而，上帝和我们又有很大区别，他是全能、全知、全善的，他不需要一个具体形象来实现自己的意愿，他的行为也不受任何事物的限制。在我们这些“局外人”看来，这完全是无稽之谈。一听到这种说法，我们就不想再听下去了。我们会说：哪有没有具体形象的人呢？谁会全能、全知、全善呢？斯温伯恩似乎已经意识到这个问题。他似乎承认，有神论与无神论之间，的确存在巨大的文化差异或思想鸿沟。如何才能跨越这道思想鸿沟呢？他的回答是，理解——理解基督徒所谓的“上帝”究竟是什么。斯温伯恩通常是先进行批评，后下判断；先做批评家，后做法官。仔细分析上帝、全知、全能等术语的确切含义之后，他才会指出神学语言与日常语言的相同和不同处，在此基础上，他才去考察基督教思想的特殊性。一般来说，他总是先分析概念，再探讨哲学，然后把这种哲学思想运用于相应的基督教教义。这种“先哲学、后神学”

的思路和写法，便于我们较为清楚而深刻地理解基督教思想。沿着这条路线，我们就能进入基督教文化的堂奥。

其次，斯温伯恩是有重要影响的基督徒思想家。清晰简约的文风不足以使一个人成为思想家，但是，如果一个人能写得既清晰、简约，又严密、深刻，他就能成为思想家。再进一步，能够开风气之先的，能够代表一个时代的思想家，就称得上是重要思想家。很多学者认为，在当代宗教哲学领域，斯温伯恩是一位有重要影响的思想家，是这个领域的领路人。20 世纪 60 年代，逻辑实证主义是国际学术界的主流，其基本立场是崇尚科学，反对宗教。作为一个初出茅庐的青年学者，斯温伯恩勇敢地提出并捍卫自己的“非主流”思想。他也崇尚科学，但是他不反对宗教；他认为科学与宗教不是对立的，而是相容的。由于他的努力，一些支持他、拥护他的学者不断加入宗教哲学的研究行列。

从学术成就上说，斯温伯恩著作等身，其论题遍及哲学（包括宗教哲学）的所有重要领域。《论上帝的存在》是其代表作。该书用分析哲学的方法，对历史上出现的一些关于上帝存在的论证，如本体论证、宇宙论证、目的论证、设计论证、道德论证等，进行了清晰、严密、简约而深刻的剖析。他继承了英国的经验主义传统及其归纳逻辑，完善了前人提出的累积论证。累积论证的意思是，单独来看，本体论证、宇宙论证、目的论证、设计论证、道德论证等，似乎证明不了上帝的存在，但是，如果我们把这些论证的力量“累积”起来，就会提出一个相当有力的论证。斯温伯恩的结论是，上帝存在的可能性大于其不存在的可能性。在《论上帝的存在》出版之前，他已经出版了《有神论的连贯性》。逻辑实证主义宣称，宗教语言旨在表达情感，根本没有认知意义，无所谓真假。果真如此吗？斯温伯恩说，他反对这种观点，却欣赏逻辑实证主义的分析方法，因为这种方法强调论证的清晰性与严密性。在这部著作中，斯温伯恩仔细分析了“上帝是存在的”这个命题的意义。他明确指出，这是一个连贯的有意义的命题。实际上，这只是斯温伯恩宏大的写作计划的第一部。《论上帝的存在》是第二部，其核心思想是“上帝是存在的”这种说法不仅是连贯的，而且是真实的。第三部的题目是《信仰与理性》。该书探讨上帝的存在与基督教信仰的关系。斯温伯恩认为，信仰宗教旨在拯救灵魂；为了得救，信徒必须崇拜和顺从上帝。理性能在不同的宗教信条之间进行选择，因此信仰是自愿的。这三部著作构成一个三部曲，系统地阐述了斯温伯恩的哲学—神学思想，在当时的学术界引起强烈反响，激发了一些学界名流的积极回应。就这三部著作而言，我特意把第二部，即《论上帝的存在》放在首位，以突出其重要性。我在牛津大学跟随斯温伯恩学习时，在一次辅导中，我对他说，我想把他的思想介绍给中国读者，应该先翻译哪一部。他的回答很明确：《上帝是否存在》。由此可见该书在作者心目中的重要地位。《论上帝的存在》部头比较大，思想深刻，逻辑严密。我没有首先翻译它，而是按照作者的建议，先翻译了它的普及本《上帝是否存在?》。这是该书的第一个汉译本，2005 年由北京大学出版社出版。此前，该书已被译为俄语、日语等多种语言。我的一些师友认为，这本短小精悍的小册子是我们中国读者了解斯温伯恩的思想以及当代基督教思想的最佳选择之一。

在哲学—神学三部曲之后，他又出版了基督教教义哲学四部曲：《责任与赎罪》《启示》《基督徒的上帝》《神意与罪恶问题》。对那些读不到原文或不能读原文的中国读者来说，西方思想中的某些术语着实费解。在很多思想家那里，“哲学—神学”（或“哲学神学”）与“神学—哲学”（或“神学哲学”）同义。斯温伯恩也不例外。他的三部曲和四部曲都是基督教哲学，但是侧重点不同。前者强调哲学的基本问题与基督教神学的关系，后者则探讨这种关系在基督教神学中的表现。《责任与赎罪》讨论人的本质及其命运，传统的原罪、赎罪、天堂、地狱等问题是该书的主要论题。《启示》的核心问题是，我们凭什么相信某些教义是上帝的启示。《基督徒的上帝》着力考察基督教的两个核心理论：三位一体与道成肉身。《神意与罪恶问题》的主题是上帝的关爱与罪恶的存在：上帝既然爱我们，为什么又让我们遭受诸多苦难呢？

以上所述只是斯温伯恩的主要著作，而非全部成就。他的哲学方法很值得我们学习。他总是先讲哲学，后讲神学；哲学上说得通，才能用诸神学。在他看来，理性与信仰不是对立的，而是相容的，信仰是理性的延伸。

当代的阿奎那

斯温伯恩的主要贡献在于，当人们盲目地抬高科学或理性、贬低宗教或道德时，他却以非凡的勇气和智慧，既承认科学或理性的重要作用，又指出了它们的局限以及宗教特别是基督教的重要作用。当自然主义猛烈攻击传统的宗教道德时，多数基督徒思想家的态度是退让、默认或沉默，他的态度却是积极回应。这不仅需要勇气，而且需要智慧。不懂当代科学，就无法进行有效的应对。为此，他做了长达三年的科学史与科学哲学的研究。他的渊博学识甚至赢得论敌的尊敬。

13 世纪时，欧洲出现了一位大思想家——托马斯·阿奎那（1224/1225～1274）。他总结了前人的思想，创立了在西方影响深远的天主教神学体系。七百多年过去了，阿奎那的思想仍发挥着重要的影响力。由于斯温伯恩的突出贡献，有些学者称他为“20 世纪的阿奎那”。他应该是当之无愧的。他的著述常常提到阿奎那。实际上，他有很多地方类似于阿奎那。阿奎那对于他那个时代的科学知识具有充分的认识，非常重视理性的作用；斯温伯恩对当代科学知识有充分的认识，也非常重视理性的作用。

阿奎那的论题十分广泛，涉及宗教、哲学和科学的许多方面；斯温伯恩的论题同样十分广泛，也涉及当代宗教、哲学和科学的各个方面。用他自己的话说，他对哲学领域的所有核心问题都感兴趣。这也许是他和其他哲学家的一个重要区别。面对问题，他不是急于下结论，而是首先考察问题的实质，摆出正反两方面的论点，经过缜密的理性分析，从一个双方都能接受的前提出发，得出一个双方都能够接受或应该接受的合理结论。他具有广阔的学术视野。他对不同问题的了解程度，特别是对当代科学知识的了解程度，以及他对这些问题的哲学思考，赢得了学界同行的高度赞誉。西方著名学者，如巴瑟·米切尔、伊利诺·司徒姆、维廉·荣威、理查德·E. 科瑞尔认为，斯温伯恩是一流的哲学家和神学家。

他尊重阿奎那，因为阿奎那摆事实、讲道理，以理服人，文风清晰。但是尊重不等于遵从。他说，每个时代都必须用当时最先进的知识来阐述基督教思想，唯因如此，阿奎那的真信徒不能仰赖《神学大全》，他们必须用自己所处那个时代的知识，把阿奎那的事业推向前进。我们可以把基督教文化中的奥古斯丁与阿奎那，比作儒家文化中的孔子与孟子。离开孔孟，就无法谈儒家文化；离开奥古斯丁与阿奎那，就无法谈基督教文化。斯温伯恩珍视他的传统，一如我们珍视自己的传统。我写斯温伯恩，主要是因为他的一些思想，他打开的那扇理性之窗，不仅有益于信上帝的人，而且有益于不信上帝的人，有益于那些希望了解基督教文化的中国读者。

第 2 章

我们如何解释世界

一、斯温伯恩与逻辑实证主义

人有理智和自由，草木没有理智和自由，因此人与草木不同。没有理智和自由的事物，不能评价或选择其生存环境，只能被动地适应环境。人则不然，人与环境是互动的关系。环境能够在一定程度上影响人的评价和选择，却不能完全决定人的评价和选择。人有能力与权利评价和选择自己的环境。因为有这样的能力和权利，人对环境的选择就存在两种可能性：以友好的态度对待环境，或者以不友好的态度对待环境。人的评价和选择取决于他对环境的认识。如果他认为环境是适宜的，他就会顺应环境；如果他认为环境不适宜他生存，他就会改造环境。“改造环境”意味着两种可能性：可能改好，也可能改坏。认识是关键。正确的认识能给我们正确的指导，错误的认识能给我们错误的指导。正确的实践能把环境改造得更好，错误的实践能把环境改造得更坏。自然环境或人文环境概莫能外。

我们来看斯温伯恩的人文环境。他认为，他的基督教信仰与其家庭教育没有任何关系，因为他父母都不是基督徒。信仰基督教是他自己的选择，与其求学经历密切相关。他喜欢思考大问题。在牛津大学读本科时，他主修“哲学—政治学—经济学”，偏重哲学。这是20世纪50年代的事情。往前推二三十年，正是“逻辑实证主义”占统治地位的时代。“逻辑实证主义”是一个专业术语，特指20世纪20至50年代流行于欧洲的一种哲学思潮，这种思潮强调“有认知意义的陈述的逻辑性与实证性”。简言之，逻辑实证主义认为，有意义的句子必然是合乎逻辑的，能够被经验证明的。逻辑实证主义者宣称，自然科学知识具有逻辑性与实证性，宗教、道德、形而上学一类的知识，没有逻辑性与实证性。按照逻辑实证主义者、著名哲学家、牛津大学教授艾耶尔的解释，“逻辑实证主义”这个名称起源于“弗雷格和罗素的逻辑”与“物理学家恩斯特·马赫的实证主义”。前者的“逻辑”即数理逻辑，后者的“实证主义”即感觉主义。感觉主义认为，只有能被感觉到的，才是真实的；不能被感觉的事物，如世界、灵魂、自由、上帝等，都是心灵的虚构。逻辑实证主义有三个明显特征：推崇自然科学，反对形而上学（如世界、灵魂、自由、上帝等观念），强调逻辑严密性。艾耶尔说，他们这些思想家并不喜欢“逻辑实证主义”这个称呼，但是，因为这种提法能够表达他们对科学的尊重和对形而上学的厌恶，他们就采纳了。传统形而上学（黑格尔以前的西方传统哲学）试图探求宇宙的目的，描述实在的整体，超越日常世界而上升到一个超感觉的精神世界。逻辑实证主义认为，这种思想“不是过于思辨，而是算不上一种错误，简直没有任何意义”。这就是说，传统哲学的那些话题连意义都没有，更谈不上正确与错误了。我们知道，只有有意义的话，才有所谓对与错；无意义的话是无所谓对错的。举例来说，“一长水散好八”是一些排列在一起的汉字，它们之间没有任何联系。因此，这是一个无意义的句子。无意义的句子是无所谓对错的。对与错是相对于有意义的句子而言。何谓“意义”？逻辑实证主义解释说，一句话是否有意义，取决于“人们证实这句话的方式，证实就是经得起经验的检验”。换言之，“经得起经验的检验”，是逻辑实证主义的证实原则和意义标准。艾耶尔坦言，谁也没有为这个意义标准和证实原则提出一个精确的令人满意的阐释。

这就是斯温伯恩的老师们为他营造的思想氛围，也是他上大学时的思想环境。他的勇气与创新之处在于，他接受了主流思想强调科学、注重逻辑严密性的优点，却克服了它拒斥形而上学的缺陷。逻辑实证主义属于分析哲学阵营，分析哲学家认为，有意义的哲学活动只是对语言进行分析。语言分析的对象是科学语言和日常语言。语言分析是一种方法，不是一种理论。斯温伯恩坚决反对把哲学等同于语言分析。与此同时，他也和很多学者一样，坚决反对分析哲学的高度专业化。他认为哲学应该面向大众，应该关注多元文化。从大学时代起，他决心用分析哲学的方法，反驳某些分析哲学家的错误观点，重新审视和评价传统形而上学。斯温伯恩以及其他西方哲学家反对把哲学高度专业化，这种主张是完全正确的。高度专业化的哲学不是大众的哲学，而是哲学家的哲学。只有哲学家才能读懂的思想，还是民众的思想吗？还能反映一个时代吗？我们常说，哲学是时代的一面镜子，是时代精神的精华。这也是斯温伯恩的主张。他认为，哲学应该为大众“解惑”。

二、连贯性与“上帝存在”

说话要有意义。有意义的话是前后一致的，就是说，一个句子的不同成分之间，或一个推理的不同判断之间，不能有矛盾。当代哲学家称这种“前后一致”为连贯性。《有神论的连贯性》是斯温伯恩哲学神学三部曲的开篇作，也是其系统的哲学神学思想的起源。该书就是要回应逻辑实证主义对传统哲学特别是基督教神学的批判。逻辑实证主义认为，我们所作的陈述是否真实，取决于该陈述与其他陈述是否具有连贯性，而不取决于它是否符合事实。

连贯性与真理

真理的标准是连贯性而非事实性。例如，会唱歌的人一定会说话；阿毛会唱歌，因此他一定也会说话。这两句话具有连贯性，因为两句话的意思是一致的，没有矛盾。如果我们说“红地毯是黄的”，我们的话就没有连贯性，因为前后不一致。“红地毯”的意思是，地毯的颜色是红色。这句话的谓语却说，地毯的颜色不是红色，而是黄色。前后不一。红地毯在相同的时间和地点，怎么可能“既红又不红”呢？在斯温伯恩看来，把“真理”等同于“连贯性”是很奇怪的思想。艾耶尔也承认，连贯性真理论很难成立。斯温伯恩反对这种观点，但是他没有简单地否定它，因为他很清楚连贯性对于真理的重要意义：连贯性是真理的必要条件，真理必然是连贯的。他的解释很明确：连贯性有两个含义，首先，一个概念或陈述不能自相矛盾，否则它没有任何意义，其次，一个概念或陈述及其蕴含的概念或陈述的真实性，是我们可以想象的。

先来看连贯性的第一种意义。分析哲学家认为，严格说来，句子与陈述不同。我们按照语法规则，把一些词汇组合起来，构成句子。有些句子有意义，有些句子没有意义。如果组成句子的那些词汇是有意义的，它们的连接也合乎语法，这个句子就是有意义的。例如“我的电脑出问题了”这句话，这里的每一个词汇都是有意义的，“我的”表示归属，“电脑”指代事物，“出问题”表示状态，“了”说明时间。这些词语的排列显然符合汉语语法，先是代词作定语，然后是名词作主语，其次是动宾结构作谓语，最后是助词作状语。每个词汇都有意义，它们的排列符合语法，这就是一个有意义的句子。与此相反，如果组成句子的词汇是无意义的，或者排列这些词汇的方式不合乎语法，这个句子就是无意义的。例如“猫里去无”，每一个汉字都是有意义的，但是它们的排列不合乎汉语语法，就是说，我们平时不这么讲话，无人能懂，因此这个句子没有意义。由此可见，“有意义”与“无意义”的区别在于，前者描述了事物的存在状态，后者没有描述任何事物或状态。这个区别非常重要。哲学家称有意义的句子为“陈述”，因为它们陈述或描述了一种事物或状态。简言之，我们必须牢记哲学家们指出的以下事实：句子与陈述不同。句子的范围大，陈述的范围小。有些句子有意义，有些句子没有意义。有意义的句子能够陈述某种事态，没有意义的句子不能陈述某种事态。读到这里，您也许会问：这与基督教有何干系？从斯温伯恩的角度看，这些问题与基督教密切相关。基督教的上帝概念是否具有连贯性？如上所述，没有连贯性的概念或句子无意义，无意义的概念或句子不能描述任何事态。如果上帝概念没有连贯性，上帝就不可能存在。连贯性问题的重要意义，正在于此。

分类是西方学者经常使用的一个重要方法。斯温伯恩认为，陈述可分为“连贯的陈述”与“不连贯的陈述”。连贯陈述的第一个特征是：我们清楚地知道，该陈述及其蕴含的其他陈述，究竟描述了什么事态。换句话说，“连贯”即“有意义”，不自相矛盾。连贯的陈述可能是真的，也可能是假的。无论如何，连贯的陈述总是有意义的。例如“人皆有死”“今天下雨”，都是连贯的陈述。因为我们知道，这两句话是什么意思。“人皆有死”的意思是，如果我们是人，我们终有一死。“今天下雨”的意思是，根据天气预报，今天很可能下雨；另一种解释是，现在正在下雨。与此相反，如果有人说“爱情有十斤重”“正方形有六个边”“水库里养着一亿头猪”，他的这些陈述就是不连贯的。因为这些句子没有描述任何事物或状态。我们没有理由相信，爱情会与重量有关，正方形会有六个边，水库里会养猪。换句话说，我们无法想象，十斤重的爱情究竟是什么东西，六个边的正方形又是什么东西，水库里养的猪究竟什么模样。谁也不会认可这样的说法，因为它们没有描述任何事物；它们是一些不连贯的、自相矛盾的、无意义的陈述。斯温伯恩告诫我们，很多不连贯的陈述并不是一眼就能看出来，而是隐藏在看似连贯的陈述之中。例如“蛋糕在火星上轻歌曼舞”是一个不连贯的陈述，虽然它没有明说，蛋糕既是蛋糕，又不是蛋糕。通常我们认为，人会跳舞，蛋糕不会。“不连贯”的意思是，我们无法想象，“蛋糕在火星上轻歌曼舞”会是怎样一幅情景。“蛋糕”“火星”“轻歌曼舞”之间，没有连续性和一贯性。分析哲学家认为，哲学研究的要务之一，就是揭露这些隐藏在我们思想中的自相矛盾。

“可理解”是连贯陈述的第一个特征。连贯陈述的第二个特征是：合乎语法。语法即语言规则。合乎语法的陈述是有意义的陈述，能够表达思想；违反语法的陈述是无意义的陈述，不能表达思想。语法包括哪些内容？斯温伯恩认为，语法包括两部分内容：语义规则和句法规则。语义即词语的基本含义，句法即连词成句的法则。语义决定着词与词的连接方式。例如“我跟他网聊了半小时”，如果“网聊”作动词，这个句子就是有意义的；如果“网聊”作名词，这个句子的语法就有问题了。如果读者根本不知道“网聊”这个词，这个句子同样没有意义。由此看来，陈述的意义取决于词语的意义，词语的意义取决于人们使用该词时所遵循的语义规则和句法规则。斯温伯恩认为，词语的意义有两个来源：本义和引申义，或者旧的意义和新的意义。本义即约定俗成的意义，引申义即经过改造的本义。通过约定俗成的语义规则和句法规则，我们能够发现，在什么情况下，我们可以使用某个词语，在什么情况下，我们不能使用这个词语。例如“聊天”，三四岁的孩子通常不知道这个词的确切含义。我们就用举例的方式告诉他，“聊天”就是两个人轻松随便地谈话，就是“爸爸和妈妈说话”“爷爷和奶奶说话”“小朋友和小朋友说话”。这是“聊天”的本义或者原义。一说到“聊天”我们首先会想到它的本义。这就是所谓约定俗成的语义规则和句法规则。

除了本义，语词还有引申义。因为社会生活在发展，新生事物不断涌现，原有的词汇不足以准确地描述新生事物，新词应运而生。我们可以用黑格尔辩证法的一个术语，来描述旧词与新词的关系：扬弃，即有所保留，有所抛弃。“保留”说明新旧事物有共同点，“抛弃”说明新旧事物毕竟是两种东西。

还以“聊天”为例，这个词的本义是人们面对面地轻松地交谈。随着科技的进步，互联网出现了，生活节奏加快了，生活变得更加忙碌，聊天的方式也发生了变化。互联网时代的“聊天”不再局限于“实际地面对面地交谈”；新生代开始在网上聊天，或者上网聊天，简称“网聊”。“网聊”是“聊天”的新义或引申义，二者的相同之处在于，它们都是两人或多人之间的随意交谈；其不同之处在于，网聊不是“实际的面对面”，谈话者之间有一个网络，这个网络既是联系他们的纽带，又是隔离他们的高墙。“聊天”与“网聊”的这种同中之异和异中之同，正是“网聊”这个新词被理解和接受的原因。在接受这个新词时，我们“修改”了“聊天”原有的语义规则和句法规则。斯温伯恩说，“修改”的意思是“放宽”，即放宽原义。新义即“放宽了的本义”。新义的语义规则和句法规则是：“不面对面地聊天”照样是聊天，网络时代的话语就是如此。这里我们要特别重视“引申义”的作用。我们必须清楚地知道，这是语言的一种普遍现象。很多词语都有本义和引申义。例如“道路”本义是路，可引申为“途径、方法、道理”；“绿色”本义是一种颜色，可引申为“宜居的环境”“环境保护”“生命活力”；等等。

斯温伯恩讨论日常语言的这些特性，就是为了说明宗教语言和日常语言的相似性。宗教语言是语言的一种形态，一如科学语言、哲学语言、文学语言、法律语言都是语言的不同形态。他说，既然日常语言有本义、新义之分，那么宗教语言也不例外。基督教神学的语词也有本义与新义之分。本义的意思是，日常语言与宗教语言没有区别，基督教神学中的绝大多数词语都是本义，而非新义。例如“上帝创造世界”

这句话，“创造”“世界”都是本义或原义，其含义与我们平常所谓“创造”“世界”完全相同；不同的是“上帝”一词，这是基督教神学的独创。再来看“新义”。新义的意思是，基督教神学赋予某些语词新的含义，以表达其独特的思想。如欧洲中世纪大神学家托马斯·阿奎那所言，人们用来描述上帝的那些语词，仅适用于被造物，只是在这种意义上，他们才能理解这些词语。

宗教神学的大部分语词与日常语词同义，新义同样来源于并立足于本义。举例来说，基督徒认为，上帝是一个全知、全能、全善、永恒的、完全自由的、没有肉体的人。我们不是信徒，因此一看见这句话，我们就以为，这些语词的含义与日常语词“完全不同”。但是斯温伯恩不这么认为。他解释说，一个全知、全能、全善、永恒、完全自由、没有肉体的人，确实不同于我们见过的任何一个人。我们周围的人都是有限的，其认识能力、行为能力、道德修养、在这个世界上生存的时间、自由活动的能力等等，都是有限的。他们都有一个肉体。我们不难发现，在“一个全知、全能、全善、永恒、完全自由、没有肉体的人”这个陈述中，知识、能力、善良、永恒、自由、肉体都是日常词语，其含义是本义，而非新义。如上所述，本义是新义的基础。我们无神论者觉得难以理解的是基督徒对本义的修改。我们认为，一个有知识、有能力、心地善良、能在世界上生存一定时间、有一定程度的自由、有一个肉体的人，是可以理解的。基督徒却宣称，一个全知、全能、全善、永恒、完全自由、没有肉体的人，同样是可以理解的。问题的关键在于，基督徒有无权利修改语言的语义规则和句法规则以描述上帝呢？有神论与无神论的争执正在于此。当代英国哲学家、无神论者安东尼·弗鲁认为，知识、能力、善良、永恒、自由和肉体，都是人的本质特征，唯因如此，当我们把这些属性从其特有的人世间，转移到一个完全陌生的语境时，其本义不可能不丧失殆尽。这就是说，基督徒无权修改语词的语义规则和句法规则，日常语言和宗教语言迥然有别。有神论者斯温伯恩却说，弗鲁对宗教的反驳同样适用于科学活动，当科学家把某些日常语言转移到一个完全陌生的科学语境中时，日常语言的本义不可能不丧失殆尽。在斯温伯恩看来，弗鲁的观点所包含的这个论点，会得出一个与事实正好相反的结论。具体地说，科学家认为，原子有质量、直径与电荷。问题是，这些词汇本来是用来描述中等大小的物体。中等大小的物体不同于原子。斯温伯恩的例子颇有说服力。他说，谁也不会用天平称原子的质量。因此，修改语法规则也是科学语言中的一个事实。科学家用宏观世界的词语，来描述微观世界，这就是他对语义规则和句法规则的修改。

权利与事实

这里，我们必须区分权利与事实。斯温伯恩指出，权利问题是可以讨论的，事实问题却毋庸置疑。也就是说，科学家修改语言规则是客观事实，无可争辩。他有无权利这样做，则是一个权利问题。科学家修改语言规则的科学事实说明，人们“有权利”修改语词的语义规则和句法规则，这不是什么例外。在他看来，基督徒所谓“全知、全能、全善”的上帝，只有当他们修改了“知识、能力、善良”等词语的语义规则和句法规则之后，就是说，只有在新的语境中，才是有意义的，才能被人理解。

事物的本质就是事物的主要特征。我们都有自己的文化传统。这种传统会告诉我们，事物的本质特征是什么，不同事物之间的联系和区别是什么。这个事物区别于那个事物，苹果区别于西瓜，是因为它们具有不同的本质特征。虽然苹果与苹果之间存在很多差异，但是我们仍然称之为苹果，而不会称之为西瓜，因为苹果有一些“典型”，即主要特征，所有苹果都程度不同地类似于这些典型。美国苹果、法国苹果和中国苹果，虽然产地不同，味道不完全相同，但是这种不同仅仅是“同中之异”，这种“不同”远远小于它们与西瓜的“不同”。所以我们说，美国苹果、法国苹果和中国苹果都是苹果，而不说苹果是西瓜，因为西瓜是另外一种事物，有自己的“典型”。斯温伯恩解释说：苹果之所以是苹果，是因为它类似于那个“典型”的苹果；西瓜之所以是西瓜，是因为它类似于那个“典型”的西瓜。这就是上文所谓的“语义规则”。修改语义规则，就是要“放宽典型的范围”。以“香蕉苹果”为例，有些人只是吃水果，却不很了解水果。他们能够区分苹果与香蕉，却不知道“香蕉苹果”为何物。要认识香蕉苹果，最好的办法是拿一个实物来，看一看、尝一尝这种水果究竟是什么。结果是不言而喻的：香蕉苹果类似于“典型”的苹果，有香蕉味道，它是苹果而不是香蕉。于是这个人对苹果的认识扩大了。香蕉苹果成为他“苹果典型”或“苹果家族”中的一个新成员。

我们为什么要修改语义规则？斯温伯恩说，修改语义规则是为了描述更多事物。描述一种事物就是认识该事物。知识的增长具有重要意义。修改语法规则是为了实现这样一个目的：和以前相比，这个词语有了更强的解释力，能够解释更多事物，其适用范围更大了。

句法规则又是如何变化的？斯温伯恩认为，一个新词或一种新意的诞生，不仅意味着语义规则的变化，而且意味着句法规则的变化。句法规则即连词成句的法则。不同词语的联系，必须遵循这些法则；否则我们说出来的话，就是无意义的，无人能懂。因为它没有描述任何事物。斯温伯恩认为，句法规则同样建立在“例证”或“典型”之上。苹果是一种水果，这是旧的句法规则，根据经验，我们把苹果与水果联系起来；香蕉苹果是水果，这是新的句法规则，根据新的经验，我们把“新例证”加入“原有的例证”或“典型”之中，于是我们对水果的认识扩大了。由已知求未知，由我们熟知的事物来解释我们不熟悉的事物，是一个简单而深刻的哲理。斯温伯恩的例子很有科学性。他说，化学家并不满足于把水分解为两个氢原子和一个氧原子，他还要解释原子的结构。化学家认为，原子由一些非常小的“粒子”组成。什么是粒子？粒子“类似于”台球，因为台球是圆的，有硬度，没有弹性；另一方面，粒子又不同于台球，因为它没有颜色，也不是为了娱乐。台球是“典型”或“例证”，是已知物，粒子是有待解释的未知物，是新知，是典型的延伸。科学家把粒子比作台球，是为了理解它，描述它。这是知识增长的基本方式。由此可见，修改语法规则，以描述更多的经验事实，是日常语言和科学语言的共性。从斯温伯恩的角度看，既然日常语言和科学语言可以更改语法规则，那么宗教语言也拥有这样的权利。

语法规则可以修改，然而，语法规则的修改是有限度的。不能随意修改，也不能超越限度，否则它会妨碍我们的交流。所谓限度，斯温伯恩的意思是，面对新的经验事实，我们不得不提出一些新词或赋予旧词新的含义，否则我们无法描述新的事实。足以使我们描述新的经验事实，就是我们修改语法规则的限度。

我们都懂过犹不及的道理。一方面，我们即使修改了语法规则，却仍然不能充分地描述新的经验事实，这样的修改徒劳无益，因为我们没有实现修改的目的；另一方面，如果修改幅度过大，新词与旧词、新义与本义的类似性或关联性十分微弱，别人几乎无法辨认二者的相关性，这样的修改同样是徒劳无益的，因为新知识和旧知识形不成一个整体，旧知识不能把我们引向新知识。这是日常语言和科学语言的又一共性。斯温伯恩强调指出，这一点特别适用于宗教语言。基督徒认为，上帝是有力的、智慧的和仁爱的。他们说这话时，有力、智慧、仁爱都是日常语言，而不是宗教语言。上帝的“有力、智慧和仁爱”，一如人类的有力、智慧和仁爱。如果说人类具有思维能力，能够认识自然规律，能向其他人表达爱心，那么上帝也是如此。宗教语言的特殊性在于，宗教徒相信，上帝是“全”知、“全”能和“全”善的。这里，宗教语言与日常语言存在“程度上的”巨大差异。无神论者能够理解知识、能力和善良，却无法理解全知、全能和全善。全知、全能和全善是基督徒的特殊规定。

斯温伯恩谈论语言，主要是为了回答这样一个问题：当基督徒说“上帝存在”时，他们的主张有没有连贯性？这是他那个时代所面对的问题。无神论者和有神论者都认为，有连贯性的主张，才有意义。没有连贯性的主张，不描述任何事物，无所谓真实与虚妄。对于希望了解基督教文化的读者来说，宗教语言与日常语言的共性固然重要，但是，它们的特殊性似乎更重要。不知道日常语言有什么特征，科学语言有什么特征，宗教语言有什么特征，我们就无法谈论它们的关系。三者都是语言，却是三种不同的语言，各有特色。虽然不同，却能互相交流。

如上所述，宗教语言不同于日常语言之处在于，基督徒宣称，上帝是全知、全能和全善的，是一个没有肉身的人。斯温伯恩解释说，“全知、全能、全善、没有肉身的人”都是新义。他借用阿奎那的术语，称这种新义为“类比意义”。“类比”就是打比方。基督教语言是基督徒用来描述其生活体验的语言。这种体验不是众人皆有的，而是某些基督徒独有的，因此他们“适当放宽”了知识、能力、善良、人等语词的本义，赋予它们新的含义。斯温伯恩说，基督教有神论者的主张如果有连贯性，那么他们的某些语词必然是在类比意义上使用的。如果他们没有提出其他任何解释，以说明这些语词具有的那种异乎寻常的含义，那么他们的主张显然是不连贯的。

我们可以把斯温伯恩的观点概括如下：1. 在基督教思想中，只有少数语词（例如三位一体、死而复活、奇迹、全知、全能、全善、没有肉身的人）是基督徒的创造。基督教神学的大部分语词是日常语词，不是宗教语词。唯因如此，非信徒也能看懂宗教图书。换言之，基督教语言与日常语言的相似性，远远大于二者的差异性。它们不同，但不是截然不同。人们不应该用异样的目光看待基督徒。2. 我们必须清楚地认识日常语言和宗教语言的区别和联系。只有认识了这两个方面，我们才能避免思想混乱，消除不必要的摩擦。如果不了解这一点，从日常语言的角度来解读宗教语言，二者必然混为一谈。从日常语言的角度看，宗教语言没有连贯性。但是，从宗教语言的角度看，它有连贯性。换言之，非信徒认为，宗教语言没有连贯性；信徒认为，宗教语言有连贯性。3.“适当放宽”语法规则的做法，是一种普遍现象，不是宗教语言的特殊现象。科学语言是日常语言的典型形态。科学语言有本义和新义之分，宗教语言也有本义和新义之分。放宽语法规则，旧的词语有了新的含义，因此人们能够用这些有了新义的旧词，来描述新的经验。斯温伯恩的这些阐述有助于我们从语言上认识基督教的特殊性及其与世俗文化的相关性。从他的观点看，“上帝存在”这种说法是连贯的。这是他证明上帝存在的第一步。连贯的陈述可能是真的，也可能是假的。基督徒的这种说法有没有真实性？

三、如何解释世界

“上帝存在”的主张，有无真实性？这是斯温伯恩的主要问题，也是许多基督徒思想家的基本问题。回答了“上帝存在”的主张是否具有连贯性的问题之后，他开始讨论这个主张的真实性。《论上帝的存在》（1991）是斯温伯恩的代表作，该书从归纳逻辑、解释理论、宇宙论证、目的论证、意识与道德、神意、罪恶问题、历史与奇迹、宗教经验九个方面，详细论述了基督徒心目中的上帝。中国有句古话：工欲善其事，必先利其器。意思是说，要想把事情办好，就必须讲究方法。方法对了，才能把事情办好；方法不对，欲速则不达。斯温伯恩是哲学家，也是基督徒。他讲基督教思想，总是先哲学，后神学。哲学是理性的产物，神学是信仰的产物。要想理解神学，就必须首先理解哲学。斯温伯恩相信，二者既有区别，又有联系，是相互依存的关系。根据他的思想，上帝存在与否，要看我们的证据；只有依靠证据，我们才能说，“上帝存在”的主张是真实的或虚妄的。“上帝存在”的真实性问题，不是我们认识世界的前提，而是认识的结果；只有经过理性的考察，我们才能得出“上帝存在与否”的结论。我们将顺着这个思路，逐一考察斯温伯恩的主要论点，最后回答“上帝存在”的主张是否具有真实性的问题。他的这个思路很符合我们的思维方式。我们常说，没有调查研究，就没有发言权。调查研究就是搜集证据、得出结论的过程。发言权来自调查研究。调查研究之后的发言，与调查研究之前的发言相比，更有说服力。这就是我们所谓“以理服人”。“以理服人”的对立面是非理性的“蛮不讲理”。“蛮不讲理”的意思是，不做调查研究，却轻易下结论，并且坚持这种错误结论。我们先来看斯温伯恩是如何开始调查研究的。

科学解释

与13世纪的大哲学家托马斯·阿奎那一样，斯温伯恩非常重视自然科学。重视科学、以科学为榜样，是现代西方文化乃至世界文化的最大特征。逻辑实证主义重视科学，斯温伯恩也重视科学，但是，呈现在他们眼前的世界，却不尽相同。前者的世界只有科学，后者的世界是科学和信仰。我们不禁要问：科学与信仰有何干系？斯温伯恩的回答是：科学与信仰属于不同领域，回答不同问题，一方不能取代另一方，与科学相比，信仰能为我们描绘一幅更完美的世界地图。

我们通常认为，信仰与科学是相互排斥的，是水火不容的关系。斯温伯恩为什么说，基督徒也重视科学呢？对一个基督徒来说，科学重要，还是信仰重要？从斯温伯恩的角度看，基督徒是人，和其他人一样；所有的人都重视科学，因为科学反映了客观世界的真实存在及其运动变化的规律。“客观世界及其运动变化的规律”，就是西方学者所谓的“实在”。基督徒也罢，非基督徒也罢，中国人也罢，外国人也罢，黑人也罢，白人也罢，只要感冒了，都会打喷嚏、咳嗽、流鼻涕，浑身酸困，精力不济。用我们最熟悉的一句话来说，这是“不以人的意志为转移的客观规律”。谁会否认这些铁的事实呢？不承认客观规律，人就无法生存。不把房子建在高处，而是建在河床；不按照国家的有关规定合法而安全地开采煤炭，而是私挖乱采，无视法律，不顾矿工的安全，这些人必然遭受灭顶之灾。斯温伯恩常说，科学是人类最值得骄傲的伟大成就。因此，我们必须认真学习和研究科学的方法。科学方法的一大特点是公开性和可重复性。“公开性和可重复性”的意思是：科学研究的对象、过程和方法是公开的，谁都可以验证这些对象、过程和方法；在条件允许的情况下，谁都可以重复某个实验。我们都承认，科学是公开的和公正的，因此斯温伯恩认为，我们应该以科学为榜样，认真学习科学的方法，以提高论证的说服力。从科学的角度看，我们和其他人辩论时，要想说服对方，最好的办法是，选一个我们和对方都能接受的事实，以此为讨论的出发点。科学研究的出发点是客观事实或自然现象，无神论者和有神论者都能接受这个出发点。谁也不会否认，2008年春节前夕，我国南方部分地区遭受了多年罕见的雨雪冰冻灾害。这是不容否认的事实。我们首先需要理解的是，科学家解释世界的方式。我们的问题是：科学是如何解释世界的？当代科学哲学为斯温伯恩提供了丰富的素材。

科学是科学家对自然现象的解释。“解释”是人类的一种基本活动；没有解释，就没有人类的生存。为什么？因为思想活动主要表现为解释活动。哪里有水？哪里有食物？哪里没有危险的猛兽？如何才能安全地度过寒冷的冬日？用什么方法才能把食物保存到冬天和来年春天，防止其腐烂变质？这些问题与我们的生存息息相关。解释对了，我们就能活下来；解释错了，我们就会大难临头。从这个角度看，解释先于实践，或者说解释就是实践。我们知道，解释是思想，但思想与实践紧密相连。与实践无关的思想，不能指导实践的思想，是空想，是白日做梦。正确的解释能为我们带来平安喜乐，错误的解释能给我们带来危险、痛苦、灾难甚至死亡。因此，我们必须深刻认识“解释世界”的极端重要性。思想的第一要务是解释世界。无解释、无思想的行动是冒险、蛮干。科学是所有解释活动的榜样，因为它以特殊方式，成功地解释了自然现象的发生、发展和变化的规律，极大地改变了人类的生活。

读者也许会问：哲学家又不是科学家，他们何以理解科学家的思想？哲学家的确不是科学家，他们的确不做科学研究。科学研究和科学实验是科学家的事情，不是哲学家的事情。但是，哲学家对科学家解释世界的方式感兴趣。斯温伯恩的学术背景比较特殊，他不是科学家，但是他熟悉当代自然科学。这是他的一大优势。不少哲学家没有这种优势。在他看来，科学解释的本质是什么？它为何如此成功？能否将科学解释用于科学之外？科学解释有无界限呢？这些问题都需要探究。我们先来考察科学解释的定义。斯温伯恩认为，科学解释就是用自然规律来解释事物的存在与变化。自然规律是不以人的意志为转移的，对谁都一样。一般来说，金属受热都会膨胀；点燃导火索，炸药就会爆炸；春天种下葵花籽，它就会发芽、生根、开花，到了秋天，它会长出更多的葵花籽。“一般来说”这个限定非常重要，其含义是，“如果其他条件相同，如果没有特殊情况的话”。一般来说，“金属受热膨胀”的典型例证是，工匠把铁或铜烧红，这时，我们用肉眼就能看到，烧红的金属膨胀了；“点燃炸药”的典型例证是，开山采石的工人把炸药放在岩石间，点燃引线，工人撤至安全地带，炸药随即爆炸；“葵花生长”的典型例证是，春天种下的几颗葵花籽，秋天结出累累果实。这都是自然规律发生作用的结果，与人的意图无关。斯温伯恩指出，科学解释可以用一个简单公式来表示：是什么+为什么=事件。“是什么”是前因，“事件”是后果，“为什么”是自然规律。有了“前因”和“自然规律”，我们就能清楚地解释或准确地预测“后果”。注意：“后果”在这里是中性词，不是贬义词，不是“你要考虑后果”一句中的后果。如果我们知道“金属受热膨胀”的规律，而且知道“铜板是金属”，我们就能有把握地说，把铜板烧红了，它就会膨胀。由此可见，科学解释是演绎推理，后果由自然规律演绎而来，自然规律描述了前因后果的必然联系。掌握了“前因”和“自然规律”，我们就能准确地预见“后果”。掌握了水力发电的规律之后，我们就开始修建水电站，因为我们能够准确地预测水力与发电的关系。

斯温伯恩认为，科学解释不仅适用于自然现象，而且适用于日常生活。换言之，科学解释作为我们日常生活中的一种现象或一个事实，是毋庸置疑的。用斯温伯恩的例子来说，奶酪为什么发霉？因为我们把它搁在一个温度较高的地方长达两周了；放在一个温度较高的地方长达两周之久的奶酪往往会发霉。前者是原因，后者是自然规律。原因+自然规律=结果。这就是科学解释的基本结构。

人格解释

除了科学解释，我们还经常使用另外一种方法来解释事物，斯温伯恩称之为“人格解释”。我认为，“人格解释”不是一种好的翻译，因为找不出更好的译法，只好先阐释，后使用。“人格解释”中的“人格”不是指“人的品格”或“道德品质”，而是指“人的特征”或“人类的特征”。“人格解释”的意思是，根据人的特征而作出的解释。炸药为什么会爆炸？因为有人点燃了引线。图书馆的灯为什么亮着？因为有人在那里看书。张老师为什么去上海？他要到复旦大学参加一个学术会议。这是我们常常听到的一些解释。它们与科学解释不同，但不是因为“解释的结构”不同，而是因为“解释的要素”不同。科学解释的基本结构具有普遍性，因为它同样适用于人格解释。如上所述，科学解释的基本结构是：是什么+为什么=事件。但是在人格解释中，“是什么”不再是无生命的物体，而成了有生命的人；“为什么”不再是自然规律，而成了人的意图或目的。人+人的意图=事件，这就是人格解释的基本结构。机场为什么会发生爆炸（事件）？因为恐怖分子（人）引爆了事先安置好的炸药（人的意图）。张老师为什么去上海（事件）？因为他（人）要参加学术会议（目的）。

人格解释是不同于科学解释的另外一种解释，它是我们日常生活中的一个事实，也是人类文化生活中的一个事实。大千世界，无奇不有。现象不同，解释的方法自然不同。科学家不会把人格解释用于自然现象，历史学家、文学家、心理学家、法学家、社会学家、律师和侦探，也不会把科学解释用于人的行为。科学家不会用人的意图来解释天体的运动或潮汐的变化，历史学家也不会用牛顿定律之类的自然规律来解释日本发动的侵华战争。斯温伯恩承认，就理论的严密性而言，社会历史领域的普遍规律，远不及自然科学领域的普遍规律；但是他相信，随着历史的发展、研究的深入，社会历史领域的普遍规律也会逐步改善。

你也许会问：人们为什么要用这种解释，而不用那种解释？同一现象可以有不同解释，可以用科学解释，也可以用人格解释，我们该如何取舍呢？为什么说这种解释正确，那种解释错误呢？标准何在？举例来说，某公司财务部被盗，保险柜被撬，数百万现金不翼而飞。警察如何寻找破案线索呢？他不可能认为，这是某种动物或神灵所为。因为经验告诉他，动物或神灵没有盗窃动机。他一定会仔细勘查现场，看看保险柜上有几个人的指纹。除了出纳员的，如果只有一种陌生指纹，那么作案人很可能是一个；如果有两种不同的陌生指纹，那么作案人很可能是两个，以此类推。虽然只是猜测，但是这个事例告诉我们，警察使用的是人格解释，而非科学解释。两种解释都是我们日常生活中的事实。我们不能说这种解释存在，那种解释不存在。

斯温伯恩认为，同一事实或现象可能有许多不同的解释。保险柜被盗案可以有多种解释。警察至少可以作出如下假设：作案人可能是一个人，也可能是两个或多个；可能是青少年，也可能是中年人；可能是本地人，也可能是外地人；可能是初犯，也可能是惯犯；可能是内外勾结，也可能不是；案犯可能有点钱，也可能很穷；可能有一定的技术，也可能没有；等等。警察不能在这些“可能性”之间犹豫不决。他必须赶快抉择，赶快行动。无数双眼睛在看着他。面对如此多的“可能”，警察为什么宁愿相信这种假设，而不愿相信其他许多假设呢？他的依据何在？斯温伯恩认为，面对许多假设，警察或科学家往往是根据以下四个原则进行甄别、筛选，作出最后的判断：1. 预见性，所选解释能使他们比较准确地预见已知的同类事件。2. 简单性，这种解释简单明了。3. 常识性，这种解释符合常识。4. 不可替代性，他们不可能以其他方式预见同类事件。斯温伯恩认为，从科学史或人文科学的角度看，这四个特征是所有正确解释的重要标志。如上所述，解释的关键是规律，掌握了规律，我们就能合理地解释事物的变化。自然规律是科学解释的关键，意图、动机或目的是人格解释的关键。有了自然规律，我们就能准确地预测自然事件；知道了某个人或某些人的意图，我们就能比较准确地预见其行为。

我们首先来看正确解释的第一个标志：预见性。正确解释往往具有一定程度的普遍性，能够解释许多类似的事件。侦破盗窃案时，警察往往使用人格解释，因为这种解释已经帮助他成功地破获了许多案件。人格解释诉诸人的意图，以此来解释事件的前因后果。作案人为什么撬保险柜？图财。撬保险柜需要一定的技术和力量。攀爬墙壁需要一定的工具和体力。留下的指纹很少，而且模糊不清，说明案犯具有一定的反侦查能力，不是初犯。根据这些线索，警察能够很快确定侦查方向和范围。人格解释的基本结构是：行为者+意图=事件。警察推断，案犯可能是年轻人，一人作案，有前科，有技术。这种解释具有一定的普遍性，不仅适用于这个案例，而且适用于同类其他案例。与此相比，科学解释诉诸无生命的自然力，人的意图是不起作用的。这种解释方式显然不适用于刑事侦查。

正确解释的第二个标志是简单性。“简单性”的意思是，用尽可能少的原因来解释尽可能多的事件。当然“最少”“最多”是相对的，合理地解释事件的发生，才是我们的最终目标。斯温伯恩多次强调“简单性”原则的重要意义，他说，简单性是真理的重要标志。面对很多可能性，警察首先假设，作案人只有一个。比对指纹后他发现，“一人作案”的假设与留在保险柜上的两种不同指纹不符。于是他重新假设：作案人可能是两个。这个事例说明，“由简到繁”是人类思想的一个重要规律。这个规律同样适用于科学解释。斯温伯恩认为，科学理论的简单性是指，某个科学理论只包含少数几个规律与少数几个变量。他说，爱因斯坦的广义相对论看上去并不简单。其他理论也能解释他收集到的那些观测资料；然而，在这些理论当中，广义相对论是最简单的一个理论。这是简单性原则的又一证明。

正确解释的第三个标志是“常识性”，斯温伯恩有时用“背景知识”来表示这个特征。“常识”指的是我们对周围世界的基本认识。男女不同，长幼有别，春华秋实，潮涨潮落，都是常识。世界万物有其存在、变化的规律。从性别看，人总是分为男人和女人；从年龄看，人可以分为少年、青年、中年和老年；从潮水的变化看，它总是有涨有落。绝大部分常识是正确的，它们已经成为人类的知识。正确的解释必须符合我们的常识。作案人为什么撬保险柜？因为他要窃取里面的现金。警察不可能认为，案犯撬保险柜，是因为好玩。他也不可能假设，案犯会只身带着几百公斤重的保险柜翻墙而逃。因为这些假设不符合我们的常识。我们通常不这么想，更不这么做。

正确解释的最后一个标志是“不可替代性”：我们不能以

其他方式解释此类事件。“不可替代”的意思是，只有这种解释是合情合理的，其他解释不可能有同样的说服力。面对现有证据，警察有理由假设，案件是两人所为。这个假设是所有证据的最好解释。不可能有两个“最好的解释”。随着新证据的出现，可能会有更好的解释。但是在证据面前，“最好的解释”只能有一个。这就是正确解释的不可替代性。

预见性、简单性、常识性和不可替代性，是科学解释与人格解释的共同标志。斯温伯恩认为，基督教思想也有这样的标志，因此，它也是一种正确理论。为了说明基督教思想与世俗思想的联系与区别，他把人格解释又细分为“常规人格解释”与“非常规人格解释”。“常规人格解释”的意思是，“行为者”是普普通通的人，拥有普通人的感觉器官、认识方式和行为能力。“常规”的意思是“普通”，即普通人及其能力。他为什么绕着走？因为前面有一摊水。他为什么那么刻苦？因为他想上名牌大学。人（行为者）+人的意图=事件。一般来说，我们不会明知前面有一摊水，还要往里走。想上名牌大学，我们就必须刻苦学习。这都是一些理所当然的事情，合乎常规。与此相反，“非常规人格解释”是指“行为者”和“行为意图”都发生了重要变化。根据这种解释，行为者也有理性，和人一样，但不是普通的人，更不是动物，而是一种非物质的心灵或精神。这是他与普通人的重要区别。斯温伯恩认为，“非常规的人”越类似于普通人，其可信度就越高；反之，越不像普通人，其可信度就越低。用他的例子说，几秒钟前，我的书房还井然有序，现在虽没有发生地震却乱成一团——书报飞舞，座椅摇晃，门窗嗡嗡作响。该如何解释这种现象呢？不能用科学解释，因为我们没有相关的自然规律。也不能用“常规人格解释”，因为普通人没有这样的能力。那就只能用“非常规人格解释”了。斯温伯恩诉诸西方人所谓捣蛋鬼。捣蛋鬼不是普通的人，而是精灵；他没有肉体，却类似于普通人——他有意图和实现这些意图的能力。这种假设能够很好地解释我书房的混乱局面。这是我能作出的最好解释，也是最正确的解释。

斯温伯恩认为，基督教的上帝与此类似。基督徒认为，上帝是全能、全知、全善、完全自由的，是宇宙的创造者和维持者。这是他们解释世界的方式。这是一种人格解释，不同于科学解释。更具体地说，这是一种非常规人格解释。基督徒心目中的上帝是一个人，但不是普通人。因为他是人，所以信徒能够理解他，与他交流，以他为榜样；因为他不是普通人，所以他的知识、能力、仁爱之心等，远远高于常人。和其他人一样，他既有行为能力，能爱或恨，也有行为动机或目的。和其他人不同，他的行为能力只受逻辑的制约，而没有任何其他限制（例如，上帝不可能创造一个有四个边的三角形，因为这样的东西无法存在），他的行为动机是爱，无条件的爱，不同于人的爱，因为人的爱总是有条件的，相对的。斯温伯恩说，单凭上帝的存在还不足以解释宇宙的存在。上帝可以创造宇宙，也可以不创造宇宙。他为什么要创造宇宙呢？因为他要展示自己的仁爱之心。只有加上“上帝的意图”（创造宇宙以展示仁爱），基督徒才能讲述一个完整而清晰的故事。上帝（行为者）+展示仁爱（行为目的）=宇宙（事件）。这就是基督徒的非常规人格解释。斯温伯恩认为，这种人格解释符合以上所述正确理论的四个标准。首先，这种非常规人格解释具有很强的预见性和解释力。为什么会有一个世界？未来世界将如何变化？基督徒回答说，既然上帝创世以示仁爱，未来世界必定更加美好。根据“全能、全知、全善的上帝”，我们就能预见他要创造的那个世界。其次，斯温伯恩认为，上帝概念符合简单性原则。上帝具有无限威力，只受逻辑制约。全知、全能、全善、完全自由，较之“某种程度的知识、能力、善良、自由”更加清晰明确，容易理解。再次，这种解释完全符合基督徒的常识。从基督徒的角度看，上帝是造物主，因为他是全能、全知、全善的。这合乎我们的常识。反之，如果说上帝不是全能、全知、全善的，却是造物主，我们就会觉得奇怪。常识告诉我们，能力有限的人不可能是造物主。最后，斯温伯恩说，在基督徒看来，上帝能够解释宇宙的起源和持续存在、生命的诞生和人类的出现等重要问题。他们认为，就这些问题而言，上帝是唯一可能的解释。这种解释具有不可替代性。这就是基督徒解释世界的方式。如上所述，这是一种非常规人格解释，类似于常规人格解释，但是它走得更远，解释得更多。

第 3 章

宇宙的存在及其规律

基督徒解释世界的方式与我们无神论者解释世界的方式，既有区别，又有联系。基督徒认为，他们的认识方式是我们那种认识方式的自然延伸。很多读者知道，哲学的主题是宇宙和人生。哲学家所谓“宇宙”不同于天文学家所谓“宇宙”，哲学家的宇宙指的是世界万物，天文学家的宇宙指的是天文学的研究对象，即宇宙的结构及其演化。现代宇宙学是一门自然科学，主要包括观测宇宙学和理论宇宙学两个方面。喜欢思考的人经常会问宇宙人生的问题：我们从哪里来？要到哪里去？我们在宇宙中处于什么位置？我们是宇宙的中心，还是宇宙的一部分？喜欢思考的基督徒也要问这类问题。在了解基督教思想时，我们不禁要问：基督徒是如何理解宇宙、人生的？他们是如何解释人类的起源、存在和发展的？我们最感兴趣的，也许是道德问题：全善的上帝何以容许人世间存在如此多的罪恶？在我们无神论者看来，奇迹是完全不可能的，基督徒为什么相信，奇迹真的可能吗？按照基督教思想家的解释，上帝是全能、全知、全善的，为了表现其仁爱，他创造了宇宙。这是斯温伯恩所谓非常规人格解释。上帝（及其能力）+（上帝的）意图=宇宙（事件）。要理解这种解释，我们必须逐一阐述该解释中的每一要素。什么是基督教？什么是上帝？什么是宇宙？上帝为什么要创造宇宙？

一、基督徒的上帝

很多读者知道基督教，却作不出明确的解释。基督徒信仰基督教，这是众所周知的事实。何谓基督教？大致有两种不同的回答。有些学者认为，基督教是不可定义的，因为不同的教会或信徒有不同的理解。天主教、新教、东正教是三大宗派，天主教和新教又可分为很多宗派，它们随着时代和地域的不同而变化。随着接受美学的兴起，人们常挂在嘴边的一句话是：有一千个读者，就有一千个哈姆雷特。依此类推，有一千个解释者，就有一千种基督教。有些基督徒的确持有这种观点。其实，不下定义的做法有一个好处，就是不同宗派一视同仁，不会独尊一派，用一个派别来压制其他派别。简言之，尊重基督教文化的多元性，是这种方法的优点和特色。另外一些学者持不同的看法，他们认为，我们可以通过举例或确定“范式”的方法来定义基督教。基督教是一种历史悠久的社会存在，通过比较，我们能够发现，古今中外有代表性的宗派，尤其是西方有代表性的宗派，有哪些共同点，又有哪些不同点。这些共同点可以作为我们理解基督教的“范式”。“范式”即本质特征。某物之所以是某物，全仗其本质特征。计算机的本质特征是计算、信息处理、文字处理、网络连接、电子商务等。没有这些特征的机器，比如半导体收音机，就不是计算机。大多数学者认为，基督教也有一些本质特征：有一个三位一体的上帝，他是全能、全知、全善的，是世界的创造者和维持者；《圣经》是他的启示，教会是他的组织。这些学者认为，不承认这些教义，就是不承认基督教。这是一种现象学方法：根据基督教的客观存在下定义，而不是根据某个“标准的定义”来评判客观存在着的基督教。

在上帝的几个本质属性当中，“全能”与宇宙的创造直接相关。什么是“全能”？顾名思义，“全能”就是无所不能，能力无限。对我们无神论者来说，这种想法实在荒唐。我们认为，全能的上帝根本不存在，没有任何证据能够证明，这样的上帝是存在的。很多人都提出过如下问题：如果上帝真的存在，他为什么不把这个世界变得更好一些，让自然环境更适宜人类居住，让天更蓝，水更清，树更绿，让人变得更善良，使其路不拾遗，夜不闭户？西方学者常常引述无神论对基督教的如下反驳：如果上帝存在，如果他的能力是无限的，那么他能否创造一块连他自己都搬不动的石头呢？我的学生们对这个问题总是表现出浓厚兴趣。他们想知道，基督徒思想家会如何应对此类诘难。两种文化、两种思想的碰撞，就这样产生了。

基督徒思想家的回答是防御性的，而不是进攻性的。“防御性”的意思是，他们消解了这个问题，而不是给出一种积极的正面的回答。他们并不想推翻无神论，在他们看来，无神论的解释力和简单性远不及基督教有神论，这便是最好的反驳。中世纪著名神学家托马斯·阿奎那早已论述过这个问题。他认为，全能与对象必须一致，换言之，对象必须是逻辑上可能的，绝不能包含矛盾。阿奎那说，如果上帝不能画一个方的圆，那不是上帝的错，而是人的错，因为人要求上帝画一个不可能画出来的东西。我们都知道，“方的圆”是一个自相矛盾的说法，自相矛盾的说法是无意义的。不能画一个圆，是我能力上的缺陷；不能画一个方的圆，却不是我能力上的缺陷，因为方的圆是子虚乌有，是自相矛盾。

全能的上帝与搬石头的关系也是如此。如果说上帝是全能的，他就能创造和搬起任何石头。如果说上帝不能创造或搬不起某块石头，他就不是全能的。基督徒思想家认为，上文所谓“上帝与石头的推论”偷换了上帝概念，因为那个推论的前半部分说，上帝是全能的，后半部分却说，上帝不是全能的。简言之，“连上帝也搬不动的石头”是一种自相矛盾的说法。这就等于说，上帝不是全能的。这是美国基督徒哲学家乔治·麦弗洛蒂斯对阿奎那的阐释。很多思想家同意他的观点。与麦弗洛蒂斯一样，斯温伯恩特别强调“逻辑上可能的”这个限定词，显然是受了阿奎那的影响。在上帝的全能问题上，他的典型说法是，上帝能够做“逻辑上可能的一切事情”。这种限定同样适用于“全知”“全善”“完全自由”等属性。比较而言，我认为，斯温伯恩对上帝的全能属性有更具体、更明确的阐述。他指出，在基督徒心目中，上帝的基本能力是无限的。“基本能力”的意思是，上帝无须借助其他任何事物，仅凭自己的基本行为，就能实现其愿望。假如我们是登山爱好者，想爬上某个陡峭的山崖，我们就必须依赖特制的攀爬工具，如登山绳、登山服、登山鞋、防护眼镜、头盔、手套、钢锤等。我们要盖一所房子，就必须准备好砖瓦土石、水泥木料等，还要请一些工匠来设计建造，否则我们是盖不起来房子的。攀爬的工具、建筑用的材料以及工匠，是我们实现自己意愿的媒介。不通过他（它）们，我们就无法实现自己的愿望，因为我们的能力是有限的。斯温伯恩认为，与我们相比，上帝的能力是无限的，他是世界万物的创造者，并时刻维护着他（它）们的存在。“创造”的意思是，上帝是万物之源，是自然规律的设计者和创立者，大到行星的运动规律，小到粒子的运动规律，都是由他决定的。他“维护”着这些规律。如果他愿意，他当然可以中止或改变它们。它们受制于他，他不受制于它们或其他任何力量。“全能”的意思是，上帝无须通过任何中介，就能创造事物。这就是基督徒心目中的那个“全能的上帝”。

二、宇宙及其规律

17 世纪的德国大哲学家莱布尼茨提出一个著名的问题：为什么有物存在，而不是什么也没有呢？中国读者很可能不适应西方人的这种表述。换言之，天地间为什么会有这么多事物，而不是空荡荡的，什么也没有呢？只有喜欢思考的人，或乐于追求真理的人，才会提出这样的问题。很多人生活在天地间，很少人会提出并思考这样的问题。因此，这些思想者享有“爱智慧”的美誉，这便是“哲学家”一词的由来。20 世纪的另一位德国大哲学家海德格尔再次强调这个问题的重要性。世界上为什么有物存在，而不是空无一物呢？他认为，只有提出并思考这个问题，我们才能走上真正的思想之路。中国古代的大哲学家孟子说：心之官则思，思则得之，不思则不得。不同的哲学家提出了不同的思想，这是不言而喻的。斯温伯恩的解释是：竟然有物存在！怎能不让人惊讶？其言外之意是，如果天地间空空如也，既无宇宙，又无上帝，亦无天地，有神论就不可能与无神论发生冲突。然而，事实不容争辩：不仅有一个宇宙，宇宙中有许许多多事物，它们还表现出程度不同的一致性或相似性。斯温伯恩说，常识告诉我们，混乱无序是自然状态。如果我们看见一片凹凸不平、没有田埂的土地，我们通常不会提出以下问题：这是谁家的地？用来种什么？相反，如果我们看见一片平整的、田埂清晰而大小相似的土地，我们自然会问：这是谁家的地？用来种什么？我们的反应为什么会有这样的区别？原因很简单：混乱无序是不需要解释的，秩序和规律却需要解释；根本原因在于，混乱无序的状态不需要任何行为者，井然有序的状态却需要某个行为者来创造或设立某些秩序和法则。

我们通常认为，宇宙是一个有序的整体。大而言之，地球是我们的家，地球绕着太阳转，是太阳系的一颗行星；太阳系是银河系的组成部分，而银河系是许多星系当中的一个星系。小而言之，分子、原子、基本粒子，也是宇宙的组成部分。介于二者之间的那些中等大小的物体，是我们最熟悉的事物，它们也是宇宙的组成部分。宇宙即世界万物。这是毋庸置疑的事实。科学的发展已经证明，宇宙万物是有规律的。“有规律”是什么意思？斯温伯恩说，“有规律”的意思是，不同种类的事物，无论何时何地，“都有相同的能力和发挥这些能力的相同倾向”。我们发射宇宙飞船，探索太空的奥秘。我们知道，同类物体具有相同的能力和发挥这些能力的相同倾向，因此，我们能够遥控飞船，让它按照我们的指令及时改变飞行轨道，到达目的地。斯温伯恩多次强调事物的“相同能力和发挥这些能力的相同倾向”。地球与月球虽然是两个星球，相距遥远，但是地球上的铁和铝，与月球上的铁和铝，具有相同的能力和倾向。我们还知道，无论何时何地，只要温度降至摄氏零度以下，水就会结冰。我们常说，这是不以人的意志为转移的自然规律。自然规律是我们解释事物的终点。我们很少追溯自然规律的成因。斯温伯恩与我们不同，在他看来，自然规律不是解释的终点，自然规律另有解释。

斯温伯恩所谓“解释”当然是指超自然的宗教解释。他认为，自然规律的存在是有原因的，而不是无缘无故的。同类物体都有相同的能力和发挥这些能力的倾向，这是事实。那么应该如何理解这一事实呢？只有两种可能：1. 我们可以说，这种现象纯属巧合，不同物体碰巧具有相同的能力和发挥这些能力的相同倾向；2. 我们也可以说，这种现象不是巧合，而是一种必然性，上帝是这些规律的设计者和创造者。无神论与有神论的争执由此而生。无神论认为，用超自然力来解释自然现象，扯得太远了。正确的态度是，知之为知之，不知为不知。能说多少，就说多少；不能说的，就该闭嘴。有神论却认为，自然规律需要解释，也是可以解释的。“不能解释”是一回事，“不可解释”是另一回事。“不能解释”的意思是，我们的认识能力有限，现在还无法解释，也许将来可以解释。与此相反，“不可解释”的意思是，某种现象是解释的终点，理性的极限，我们再努力，也是徒劳的。这种现象能够解释所有其他现象，其他任何现象都不能解释这种现象。

举例来说，我的右手有些发抖，写字的时候总觉得不自在，不能像以前那样自如地伸展。遵医嘱，做检查。医生的解释是，我头部的某个地方长了一个囊肿，囊肿压迫运动神经，造成右手的不灵便。这完全是一个科学解释：原因（囊肿）+自然规律（囊肿压迫运动神经，妨碍肢体运动）=结果（手抖）。科学解释是就事论事，以事实为依据，不妄言。我爱好哲学，喜欢打破砂锅问到底。我问大夫：囊肿是如何产生的？我心想，知道了囊肿的成因，我就能有效地对付现在这个囊肿，并有效地防止其他囊肿的生长。大夫是名医，回答得简洁、清晰而通俗：囊肿是一个奇特的组织，人的体液只往里走，不往外走，积少成多，最后形成囊肿。我相信医生的解释，却又觉得少了些什么。后来我发现，医生只是描述了囊肿的特征，并没有解释囊肿的成因。我想起来了，医生曾坦言，谁也不知道囊肿是如何形成的。这并不妨碍医生看病。从这个例子看，囊肿是“不能解释”，不是“不可解释”。“不能解释”的原因是，我们的认识能力有限。随着科学的进步和认识水平的提高，我们终将揭开一个又一个科学之谜。

我们的信心从哪里来？从科学解释的基本结构来。如第一章所述，科学解释的关键是自然规律。自然规律是人们对自然现象的概括。甲一出现，乙就跟着出现。把蜡烛放在火炉上，蜡烛很快就会熔化。把水加热到 100 摄氏度，它就会沸腾。斯温伯恩说，这些规律几乎适用于任何时间、任何地点，非常接近真理。他的意思是，这些规律虽然起源于我们的观察和概括，虽然我们只能说“迄今为止，事物总是这样变化的”，但是我们必须承认，它们具有很高的或然性，例外现象十分罕见。“罕见”不等于“没有”。诚如英语谚语所言，规律皆有例外。在高海拔地区，水的沸点低于 100 摄氏度。但是这并没有推翻上述规律，而是限定了这种概括，给它加了一个定语：在低海拔地区，水的沸点是 100 摄氏度。这说明，有自然规律的地方，或者有可能发现自然规律的地方，就有科学解释；反之，没有自然规律的地方，或者没有可能发现自然规律的地方，就不可能有科学解释。我们必须考察的问题是：科学是不是万能的？它有无界限？什么地方没有或不可能有自然规律？

三、科学的界限与非常规人格解释

宇宙万物是运动变化的，其运动变化是有规律的。不同的事物有不同的规律。高一级的规律可以解释低一级的规律。所有的规律构成一个整体。用斯温伯恩的例子说，开普勒的定律可以通过牛顿的定律来解释，牛顿的定律可以通过爱因斯坦的定律来解释。斯温伯恩的问题是：科学规律有没有进一步的解释？无神论的回答是“没有”。基督教有神论的回答是“有”。截然不同的两种回答代表着截然不同的两种世界观。对于不同的观点，英国大哲学家、著名的无神论者罗素发表过这样的观点：我们应该用同情的目光看待不同的思想，先理解，后批评；否则我们可能走向教条主义。“同情的目光”很重要。“同情”的意思是，我们首先假设，对方说得有道理，然后我们考察对方的论据。这种态度很值得我们学习。斯温伯恩认为，自然规律是需要解释，也是可以解释的。为什么“需要解释”？因为世界万物都表现出惊人的一致性，同类物体具有相同的能力和发挥这种能力的相同倾向；不同类别的物体也具有相同的运动规律。例如，地球和其他行星具有相同的运动规律，构成不同物体的质子和电子具有相同的能力和发挥这些能力的相同倾向。斯温伯恩反问：这怎么会是“巧合”？我们知道，“巧合”是一种偶然性，不是普遍性；自然规律却是普遍的，无时不在，无处不在。任何时间、任何地点的质子和电子都有相同的能力和发挥这些能力的相同倾向。斯温伯恩是哲学家，但是他具有渊博的科学知识。他进一步追问道：不同的物体为什么会有相同的能力和发挥这些能力的相同倾向呢？他说，任何一个追求真理的人都不会认为这是一种巧合。理性会让他追根溯源：这种统一性的原因究竟是什么？

如上所述，我们通常认为，杂乱无章的状态是不需要解释的，井然有序的状态却需要解释。因为无序状态没有什么目的，相反，有序状态必然有一定的目的。大科学家爱因斯坦明确地说，他不是无神论者，倒像是一个刚刚走进图书馆的小孩儿。看着一排排图书，他心里明白，这些图书肯定有作者，尽管他不认识他们，不知道他们的写作过程，也看不懂这些书。他隐隐约约地感觉到，这些书好像是按照某种次序摆放的，虽然他不知道，这种次序究竟是什么。爱因斯坦说，这就是人对上帝的认识。宇宙是有秩序的，但是由于人的能力有限，我们只能对这种秩序有一个模糊的认识。爱因斯坦所谓的“上帝”，即宇宙秩序的创立者。既有秩序，就应该有秩序的创立者。斯温伯恩一定赞同爱因斯坦的这种观点。爱因斯坦是科学家，斯温伯恩是哲学家。从哲学的角度看，斯温伯恩认为，宇宙中有规律，这是科学的界限，是“科学”解释的终点，却不是“解释”的终点。科学家不追问这些规律的来源，因为这不是科学研究的对象，而是哲学研究的对象。他认为，真理的探索者不应该就此止步。科学“不能解释”自然规律，不等于说自然规律“不可解释”。

为什么说自然规律是“可以解释”的？斯温伯恩认为，科学解释不是唯一的解释模式，我们还经常使用“人格解释”，即“行为者+行为目的=事件/行为结果”。他认为，科学解释不了的现象，神学可以提供一种解释。从这种意义上说，神学是科学的自然延伸。这就牵涉到一个历史悠久、意义重大、时至今日仍聚讼纷纭的问题：科学与宗教的关系。许多中国读者对宗教知之甚少。因为知之甚少，所以不愿思考。这似乎是普遍现象。从某些学生的表情，我似乎看出了他们心里的问题：上帝是不存在的，研究不存在的东西，有什么意义？我只好求助于无神论哲学家罗素，他说，我们应该用同情的目光看待不同的思想。在论述古希腊思想时，他对苏格拉底以前的哲人有这样的评论：即使在论敌笔下，他们的思想都熠熠生辉。我们知道，苏格拉底以前的思想家，留给后人的成文作品并不多，我们是通过柏拉图、亚里士多德等哲学家的著作，了解其思想的。即便如此，他们都显得很伟大。因为他们勇于创新，勇于尝试前所未有的思想方式和生活方式。希腊先贤追求真理的勇敢精神，非常值得我们学习。

无神论与有神论的认识区别

对无神论者来说，上帝不存在；但是对基督徒来说，上帝是存在的。对他们来说，上帝意味着一种特殊的思想方式和生活方式。“特殊”的意思是，如果上帝存在，他一定会为他们做某些事情，这些事情一定和宇宙、人生有关。以上帝为参照，由上帝来观看宇宙人生，是基督教世界观的主要特征。首先，我们应该假设，基督教世界观有其合理性，然后开始我们的学习研究。学习研究之后，我们必须进行一番分析批评，看看这种思想是否具有真理性。无论多么特殊，基督徒毕竟不是天外来客，他们的思想与世俗思想肯定存在这样那样的联系。基督徒不可能完全超越世俗思想而另起炉灶。他们不是不承认世俗思想，他们只是认为，非宗教的世俗思想未能就宇宙人生讲述一个完整的故事，他们却能把这个故事从头到尾地讲完。

对我们来说，科学是不需要解释的。科学能够解释其他事物，但是其他事物不能解释科学。水为什么结冰？因为温度降到了0摄氏度以下。温度为什么会降到0摄氏度以下？因为冬天到了。为什么冬天到了？因为秋天过去，就是冬天。从古至今，历来如此。为什么历来如此？因为自然界就是这样变化的。为什么这样变化？因为自然规律在发挥作用。为什么自然规律能够发挥作用？我们无言以对。自然规律就是我们解释事物的终点。从斯温伯恩的角度看，世俗思想没有说清楚宇宙人生的来龙去脉。有时我们会思考一些大问题：我从哪里来？我要到哪里去？我在宇宙中，所以我很想知道：宇宙从哪里来？它会到哪里去？

斯温伯恩以前的很多思想家都思考过这些问题，与他们相比，斯温伯恩的思想更加明确、具体、简单。如第一章所述，斯温伯恩认为，基督教能为我们提供一种非常规的人格解释。宇宙人生皆起源于上帝。上帝是万物的拥有者。面对这种解释，我们不禁要问：斯温伯恩为什么说科学不能解释自然规律，即“自然规律的起源和自然规律的整体”？从他的角度看，上帝为什么要设立自然规律？他回答说，科学是探索自然规律的，但是科学不能解释自然规律的起源和自然规律的整体。为什么会有自然规律？为什么会有一个宇宙？这不是科学应该回答的问题。科学与宗教有不同的研究对象。科学的对象是物体的性质及其运动变化的规律。物体从何而来？其运动变化的规律从何而来？这不是科学家关注的问题，也不是他们感兴趣的问题。科学有科学的对象，宗教有宗教的对象。科学不能回答宗教的问题，宗教也不能回答科学的问题。谁都知道，做礼拜，就要去教堂；看病，就要去医院。我们要是去教堂看病，去医院做礼拜，那就会乱套。

回顾历史，宇宙人生的问题从来就不是科学问题，而是哲学问题或宗教问题。为什么有一个宇宙？宇宙为什么是有规律的？人类从何而来？他们要到哪里去？从历史的角度看，科学家不研究这些问题。如果感兴趣，他们当然可以思考这些问题。我们必须注意：当他们思考和研究这些问题时，他们就进入了哲学或宗教的领地，他们的身份就不再是科学家，而是哲学或宗教的研究者。对象不同，这是科学不能解释自然规律何以可能的第一个原因。

科学不能解释自然规律的第二个原因在于科学解释的结构。如上所述，科学解释的结构是：原因（物体的能力及其发挥这种能力的倾向）+规律=事件/结果。自然规律是科学解释的关键。规律来源于我们对事物的观察与概括。很多中国读者认为，自然规律具有必然性。其实不然。斯温伯恩清楚地指出，除了逻辑学和数学，自然科学具有非常高的或然性，却没有严格的必然性。他解释说，个体事物是可以观察和概括的。在观察、概括的基础上，我们提出某种假说。如果该假说能够准确地预测某某事件的发生，它就是该事件的科学解释或科学规律。简言之，被证实的假说就是规律。未被证实的假说不可能成为规律。

斯温伯恩的科学解释

斯温伯恩关注的焦点是：科学解释适用于个体事物或不同层次的科学理论，却不适用于科学规律的整体，或作为整体的科学规律。“科学规律的整体”指的是，所有的科学规律是一个整体；科学不能解释这个整体。斯温伯恩认为，爱因斯坦的规律能够解释牛顿的规律，牛顿的规律能够解释开普勒的规律。所有的科学规律是一个有机的整体，就这个整体而言，高一级的规律能够解释低一级的规律，然而，这个整体却不是我们能够观察和概括的。科学规律的整体只有一个，是独一无二的，是不可观察或概括的，也是不可预测或验证的。个体事物，如山川草木、花鸟鱼虫，都不止一个，而是包含多个个体，都代表一类事物。黄山、峨眉山、五台山、庐山都是山。菊花、牡丹、荷花、月季都是花。再比如，某个合唱团的成员不可能观察和概括该团的演出情况，因为演出的时候，所有成员都不能进行观察和概括；能够进行观察和概括时，他/她就不再是合唱团成员了，而是成为观众或评论员了。同样的道理，科学规律的整体是独一无二的。因此，它既不可观察，又不可概括。没有观察和概括，就形不成规律。形不成自然规律，也就无所谓科学解释了。

以此类推，斯温伯恩认为，科学也不能解释宇宙的起源和宇宙万物。和自然规律的整体一样，宇宙也是独一无二的，不可观察或概括，也不可预测或验证。我们无法追溯宇宙的开端。退一步说，即使能够回溯到宇宙的开端，我们也不可能站到宇宙之外，观察它。因为我们是宇宙的一部分，宇宙的意思是，四面八方，古往今来。谁能置身于历史长河之外呢？因此斯温伯恩说，宇宙这种现象“大”得无法解释。就是说，从科学的角度看，宇宙是不可解释的。这是科学的边界。然而，科学的边界不等于解释的边界。这是斯温伯恩特别强调的一个重要论断。

解释宇宙

斯温伯恩认为，科学不能解释的现象，基督教神学能够提供一种解释，但不是科学解释，而是非常规的人格解释。以上所谓“神学乃科学的延伸”，就是这个意思。从斯温伯恩的角度看，宇宙的存在和宇宙中的自然规律，都是可以解释的。上帝为什么创造宇宙？又为什么设立这些自然规律？他解释说，上帝创造宇宙，是因为他的全能、全知、全善和完全自由，这是上帝的本质属性。“全能”意味着他完全有能力创造一个宇宙，“全知”意味着他完全知道如何创造一个宇宙，“全善”意味着他是怀着完全善良的心愿而创造宇宙的，“完全自由”意味着他的行为不受任何规律或条件的制约。只有这样的行为者才能创造一个宇宙。这个创造者必然是非同寻常的，即“超常规的”，我们不能用常规思想来理解他。其他基督徒思想家通常强调“全能、全知、全善”三种属性，斯温伯恩与他们不同，另外加了一个属性，即“完全自由”。在这四个最基本的属性当中，他特别强调“全善”和“完全自由”的重要作用。他认为，“全善”能够说明上帝创造宇宙的意图，“完全自由”则说明，上帝实现其意图时，没有任何障碍。上帝为什么要创造一个宇宙？因为他想表现其仁慈和爱心。以父母与子女的关系为例。由于爱，父母会为子女做很多好事，以表达这种情感。爱是需要表达的。如果我爱我的女儿，我就会为她做很多好事。表达出来的爱优于没有表达出来的爱。如果我爱自己的女儿，却不为她做任何好事，这种爱虽然优于恨，却远不及表达出来的爱，我们通常所谓爱，是指表达出来的爱。爱意味着行动。同样的道理，为了表达自己的爱，上帝决定创造一个宇宙。这就是说，宇宙是上帝表现爱心的场所。在他看来，创造宇宙万物是一件好事，于是他创造了我们这个世界。另一方面，斯温伯恩还特别强调上帝的“完全自由”。他认为，上帝并不是“必须”创造一个宇宙，或者“一定要”创造一个宇宙。这种说法会限制上帝的“自由”。他可以创造宇宙，也可以不创造宇宙。他是完全自由的。创造宇宙是他的自由选择。

斯温伯恩认为，上帝在创造宇宙的同时，还创造了宇宙中的所有规律（自然规律和其他规律）。上帝在创造宇宙的同时，就把各种规律写入自己的作品。他解释说，一个有规律、有秩序的世界，比一个无规律、无秩序的世界好。“好”这个单词在英语中既是形容词，又是名词。作形容词，其意思是“好的，善良的”。作名词，其意思是“好事，善事”。为什么一个有规律、有秩序的世界，比一个无规律、无秩序的世界好呢？斯温伯恩是逻辑学家，善于用不同的逻辑方法讲道理。

要理解有规律、有秩序的好处，就必须理解无规律、无秩序的坏处，正所谓“有比较才能有鉴别”。在一个无规律、无秩序的世界中，我们是无法作出正确选择的，因为无规律可循，无法则可依。水有时往低处流，有时往高处流；把它加热到 100 摄氏度，它也不一定沸腾。地球的自转和公转忽快忽慢，方向忽东忽西，忽南忽北；昨天早上 5 点钟，太阳就升起了，可是今天下午 5 点钟，太阳还没有出来；去年的一年是 365 天，今年的一年成了 265 天。汪洋大海瞬间干枯了，坚石瞬间化为灰尘。昨天还不会说话的豺狼虎豹，今天却能讲一口流利的英语……。由此可见，无规律、无秩序的世界不仅是一个荒谬的世界，而且是一个痛苦的世界。在一个无规律的世界上，幸福是不存在的。因为没有任何自然规律，所以水可能流向任何地方，即使我们把房子盖在高高的山岗上，也没有任何意义。因为没有任何自然规律，所以即使我们把水加热到 100 摄氏度，它也不一定沸腾，因此英国人瓦特也不可能发明蒸汽机，我们也不可能坐上火车。因为没有任何自然规律，所以地球的转动忽快忽慢，忽东忽西；老师和学生无法确定上课时间，因为他们不知道明天的太阳会在什么时间升起。因为没有任何自然规律，所以海枯石烂真的成为现实，豺狼虎豹真的会讲英语了；我们无法预测，明天会发生什么，也许明天我们会变成豺狼虎豹。

一般来说，混乱无序意味着痛苦，井然有序意味着幸福。总而言之，与无规律、无秩序的世界相比，一个有规律、有秩序的世界显然是好的。“好”的意思是，我们和其他动物特别是高等动物，能够活得幸福。无神论者和有神论者都会认可这个观点。在谈到社会秩序与道德状况的关系时，无神论思想家罗素指出，混乱的社会秩序必然导致道德沦丧。他说，假如你知道，你积累的财富可能被洗劫一空，你就不会节俭；假如你知道，你以诚相待的朋友可能欺骗你，你就不会诚实守信。假如你知道，高等教育制度可能被废除，你就不会追求上大学；假如你知道，你深爱的人可能背叛你，你就不会对他/她忠贞不渝。这就是说，有秩序，才会有道德；没有秩序，就不会有道德。秩序是人类社会的行为准则。有了行为准则，才有善恶之分；没有行为准则，就没有善恶之分。我们可以想象，没有善恶之分的世界，是一个多么可怕的世界！无神论者和有神论者都不会否认，秩序和规律是幸福生活的必要条件。

从斯温伯恩的角度看，上帝希望我们幸福，而不希望我们痛苦，所以他在宇宙中设立了自然规律和道德规律。自然规律和道德规律是幸福生活的两大要素。规律是永恒的，我们可以信赖它。我们可以根据规律而预测未来，规划人生。因为我们知道，明天的世界一如今天的世界，明天的生活一如今天的生活。与此同时，斯温伯恩告诫我们，必须区分以下两种情况："我们对规律的认识"是一回事，"规律的存在"是另一回事。客观规律不会因为我们不认识它，就不存在了。我们知道，理性的能力是有限的。有限的理性能否认识自然规律和道德规律呢？无神论者和有神论者的回答都是肯定的，但是基督徒的回答独具特色。

斯温伯恩认为，上帝不仅创造宇宙，设立规范，而且把这些规范（自然规律和道德规律）设立得"难易适中，便于认识"。所谓"难易适中，便于认识"的意思是，宇宙万物显然是由上帝设计好的。宇宙中的规律正好适应人类的认识能力。既不很难，也不很容易。如果这些规律过于深刻、复杂，晦涩难懂，远远超越了人类的认识能力，我们就不可能发现它们，我们的生活就会是另外一幅景象，我们就不可能拥有现在这样的知识、能力与品德。反之，如果这些规律很容易被认识，无须艰辛的探索，无须付出很大代价，人类就能找到对付艾滋病、沙尘暴、环境污染、能源危机的办法，我们就不会严肃对待这些灾难，不会投入巨大的人力和物力进行科研攻关，也不会认识到相互支持、协同配合的重要意义。

规律是简单的

斯温伯恩强调的是这样一个神奇的事实：规律是简单的，容易被我们发现；规律首先表现在中等大小的物体中，以便我们认识和利用。他的意思很清楚：所有这些都是上帝一手安排的。过于艰难或过于容易的知识，都不利于人类的发展。如果知识过于艰难，我们会觉得沮丧；如果知识过于容易，我们会骄傲自满。从斯温伯恩的角度看，上帝的设计很完美。对人来说，宇宙间的规律既不太难，没有难得让人灰心丧气，不愿意继续探索；又不太容易，没有容易得让人妄自尊大，无须付出辛勤的劳动。

一个基督徒诗人曾这样描述上帝的设计：牛顿和他的定律隐蔽在漆黑的夜色中；上帝说，“牛顿该出生了”，世界便有了光明。斯温伯恩既强调规律的客观存在，又强调人的认识能力。人类能够掌握自然规律和道德规律，这是事实。原因何在？他说，原因在于上帝的设计。这当然是基督徒的解说。置身于同一个宇宙，智慧而勤奋者能够发现规律，愚蠢而懒惰者必然一无所获。生活的经验告诉我们，水总是往低处流，所以我们要把房子盖在高处。馒头和大米可以滋养身体，于是我们把它们作为主食，以维持我们的生命。我们还发现，春耕、夏耘、秋收、冬藏是一个永恒不变的规律，它使我们丰衣足食。由此看来，没有对规律的认识，就没有人类的生存。

上帝是宇宙及其规律的创造者，也是人类的理性和自由意志的创造者。斯温伯恩认为，人类肩负着探求自然规律和道德规律的义务，即所谓“认识义务”。对很多中国读者来说，“认识义务”是一个陌生的词汇。其基本含义是，我们有认识世界的义务；换言之，我们应该不断学习，不断提高我们的认识水平和认识能力。这是我们的一种义务。

我们也许会说，知识的多少主要取决于一个人的天分和他的主观努力，与义务无关。斯温伯恩不这样认为。他说：我们可以勤奋，也可以懒惰，可以学习，也可以不学，这完全取决于我们；我们可以自强不息，不断提高我们的水平和能力，扩大我们的影响力，也可以原地踏步，得过且过。他打了一个比方：慷慨的上帝仿佛一位仁慈的父亲，他既可以赋予我们某些知识和影响力，又可以让我们选择，看看我们是否愿意增加自己的知识，扩大自己的影响力。这就是说，上帝给我们知识，和我们主动探求知识、进而扩大我们的影响力、增强我们的自我完善能力和帮助别人的能力，是很不相同的两种选择。上帝给我们知识和能力，是上帝的恩典；我们积极探求知识，扩大我们的影响力，是我们的成就，尽管这种成就最终归功于上帝。从斯温伯恩的角度看，上帝在赋予我们认识能力的同时，就寄予我们追求真理的希望。如果我们积极探求知识，我们就能实现他的希望，尽到了我们认识真理的义务。

撇开宗教信仰，我们应该经常思考如下两个问题：为什么我们的认识能力高于其他动物？我们为什么求知？前一个问题很容易回答。我们应该不断学习，努力学习，勤于思考，善于思考，积极探索自然界和人类社会的客观规律，否则我们会变得和其他动物相差无几。既然不同于其他动物，那么我们求知究竟是为了什么？这是后一个问题。我们会说，求知是为了把握自然界和人类社会的客观规律，以改造我们之外的客观世界和我们的主观世界，造福全人类。既然有此目的，就必然有与此相对应的义务。为了改造世界，造福全人类，我们必须学习，这是我们的认识义务。尽了这种义务的人应该得到称赞，没有尽到这种义务的人，应该受到批评。有知识的人应该受到尊重，没有知识的人应该清楚地认识到自己的不足，因为前者尽了自己的认识义务，后者没有尽到这种义务。如此看来，认识义务是有神论者与无神论者都能接受的一种观念。我们应该把学习或认识世界当作我们的义务，而不是当作一种可有可无的个人爱好。

“缝隙中的上帝”

有人批评说，基督徒的上帝是“缝隙中的上帝”，一遇到科学难题，基督徒就搬出上帝，用他来填补“知识的缝隙”。不知道脑部的囊肿是如何形成的，基督徒就说，那是上帝创造的；不知道客机为什么会冲出跑道，基督徒就说，上帝知道原因何在。批评者说，哪里的知识有缝隙或漏洞，哪里就有上帝。这就是所谓“缝隙中的上帝”。斯温伯恩回应说，这是一种误解，基督徒心目中的上帝绝不是“缝隙中的上帝”，而是“能够解释‘科学解释’的上帝”。在他看来，上帝是自然规律的创造者和维护者。如果上帝不创造这些规律，或者说如果他创造了这些规律，却不维护它们，不让它们正常地发挥作用，科学家就不可能发现它们。我们知道，科学家是不问自然规律的起源的。这是科学不同于哲学或宗教之处。科学和哲学（包括宗教）各有自己的研究对象。斯温伯恩的思想有一大特色：观点是传统的，论证是现代的。他认为，基督教的很多传统观点是正确的，但是它们的论据往往是错误的或不够充分的，因为这些论据受制于不同历史时期的哲学认识和科学认识。

比较阿奎那和斯温伯恩，我们就能看出，前者不及后者严密。阿奎那认为，宇宙间有一个有智慧的存在者，在他的指引下，世界万物趋向各自的目标。这个有智慧的存在者就是“上帝”。斯温伯恩认为，世界万物的存在方式和运动方式，取决于自然规律，自然规律源于上帝。对基督徒来说，阿奎那的论证很容易理解，但是对无神论者来说，这种论证就不够清楚了。我们知道，无生命的事物不同于有生命的事物，低等动物区别于高等动物，高等动物区别于人类。如果有人说，“为了组成一个水分子，两个氢原子和一个氧原子结合在一起”，我们会觉得别扭，听起来很不自然。为什么？因为这种说法不合乎习惯。对自然事件和人的活动，我们有不同的解释。但是阿奎那没有作这么细致的区分。他说，在上帝的指引下，世界万物趋向各自的目标。说得很笼统。我们通常不说，在上帝的指引下，两个氢原子和一个氧原子奔向一个共同的目标。斯温伯恩与我们同属一个时代，他的语言和思想离我们更近。他用自然规律来解释世界万物，又用上帝来解释自然规律，这样，万物与上帝的关系就变得清晰了。对无神论者来说，他的观点比较容易理解。从他的观点看，人有人的规律，物有物的规律，不同的规律均来自上帝。所以基督徒的上帝不是用来填补缝隙的。他有自己的领地。这个领地逻辑上高于世界万物。

每个人都有自己看不到的地方，这个地方就是我们所谓的“盲区”。我看不见自己的后背或后脑勺，那是我的视觉盲区。即使在我的视觉范围内，也有盲区，但不是因为我看不见，而是因为我不看，注意力不集中，“视而不见”就是这个道理。这个简单的道理同样适用于宗教哲学。广义而言，对上帝和宇宙人生的任何讨论，哲学的、神学的、科学的、道德的、政治的、法学的、艺术的等等，都可划入宗教哲学。有些科学家、甚至是著名科学家，虽不是宗教信徒，却对宗教问题感兴趣。他们认为，科学已经证明，上帝并不存在。在斯温伯恩看来，宗教或宗教哲学是这些科学家的一个盲区。在科学世界，他们看得很清楚；走出这个世界，他们的视觉就成问题了。因为他们没有辨别宗教哲学问题的慧眼。如上所述，宗教或哲学不同于科学。“看不见”是一回事，“看不见，所以什么也没有”是另一回事。举例来说，我是近视眼，“看不见”远处的桑塔纳轿车，因为车的颜色和墙的颜色差不多，但是我不能说，“看不见，所以什么也没有”。从斯温伯恩的角度看，这些科学家的不足在于，从科学的角度否定神学。他说，神学却不否定科学。与其他基督徒思想家一样，他首先区分科学与宗教（或哲学），再把二者联系起来。在他看来，科学与宗教的冲突起源于无知。有些科学家不理解也不愿理解宗教，有些宗教徒不理解也不愿理解科学。带着这种敌视的态度，他们开始论战，一方试图战胜另一方。

综上所述，斯温伯恩认为，科学能够解释许多事物，但是科学不能解释事物的那些规律从何而来，宇宙间为什么会有规律而不是一片混沌。科学的解释力全在于自然规律，但是，科学不能解释它的解释力从何而来。看看大千世界，我们不难发现，世界万物表现出高度的有序性。这种有序性一定还有更深的原因。斯温伯恩说，这个更深层次的原因，便是基督徒所谓的上帝。当然，无神论者会有其他的解释。

第 4 章

人的存在与心—物二元论

一、“熟知并非真知”

宇宙中不仅有物，而且有人。人是万物中之一“物”。和其他物体一样，人也有时间性和空间性，具有一定的时空界限，因为他有一个肉身；和其他物体不同的是，人有理性，凭借理性，他能够获得关于这个世界的正确知识，即我们通常所谓“真理”。理性是一种高级认识能力。和人相比，动物也有认识能力，也能认识不同事物之间的简单联系，但是它们没有我们这样的语言，也不能认识事物之间比较复杂的联系。

我们常说，千里之堤，溃于蚁穴。蚂蚁并不知道，在大堤上筑穴是一件危险的事情。如果它有我们这样的知识，能够预见事物的走向，它就不会在那里筑穴，因为大堤决口对它来说同样是灭顶之灾。再举一例，在驯兽师的指导下，猴子也能学会骑车、空翻、敲鼓等技能，但是和人类相比，它们的技能微不足道。即使路况不好，人也能骑车，但是猴子不能；人能做各种空翻，如前空翻、后空翻、侧空翻，猴子通常只会后空翻；剧团的鼓师能够指挥乐队演奏，控制节奏，制造气氛，猴子敲鼓就不能实现诸如此类的复杂目的。由此可见，人类的认识能力显然高于动物，动物的认识能力是低级的，这是人与动物的重要区别。人的认识能力能使他认识自然界和人类社会的基本规律以及不同逻辑层次的不同规律。简言之，人与其他物体既有联系，又有区别。作为动物，他有类似于其他动物之处；作为有理性的动物，他与其他动物有很大区别，因为他有高级认识能力，能够把握周围世界的客观规律。

这些区别从何而来？为什么人既不同于无生命的物体，又不同于其他动物呢？你是否想过这个问题？德国大哲学家黑格尔有一句名言：熟知并非真知。这句话的意思是，我们每天听到和看到的，不一定是我们真正理解的。举例来说，我们每天都能看见很多人，我们知道人是什么吗？生物学家、医学家、心理学家等专业人士会告诉你，人是他们的研究对象。显然，这是科学家眼中的人，科学家强调人的物质性。缺乏营养，人就会生病乃至死亡；反之，营养过剩也会使人生病乃至死亡。科学家会告诉你，从科学的角度看，人是什么。你可能不满意他的回答。因为你问的是哲学问题，他答的是科学问题。你也许认为，人不仅是一个营养充足的有机体，他还有其他一些重要属性，比如思想感情、伦理道德、宗法观念等。这些属性正是人文学者的话题。人文学者强调人的思想感情，伦理道德、宗法观念等意识形态是思想感情的不同表现形式。尽管人文学者强调人的精神性，弥补了科学家的不足，但是他的说法同样不会让你满意。你也许会问：难道人就是一些思想感情吗？没有肉体，人还能思想吗？强调物质性的科学家和强调精神性的人文学者，看来都不能给你一个满意的回答。人是我们所熟知的，但是我们并不真的理解他。“真的理解”即真知，其含义是，像自然科学那样，用一个普遍有效的规律来解释所有的同类物体。

对于“人是什么”的问题，科学与宗教给了不同的回答。我发现，很多学生不能区别对待科学与宗教，常常把“熟知”当作“真知”。“宇宙”或“世界”是另一个我们熟知却未必真知的概念。很多人都知道这个概念，但是很少人思考它。我们使用它，却不一定知道它的确切含义。哲学家的工作就是深入系统地思考这类概念。我们知道，宇宙和人生是哲学研究的两个对象，宇宙观和人生观是相互联系的，前者决定后者，后者是前者的延伸。在斯温伯恩看来，“人是什么”的问题，是一个真理问题。人有哪些主要特征？灵魂与肉体的关系是什么？哪一个更重要？科学能够回答哪些问题？基督教能够回答哪些问题？科学与宗教是否冲突？一般来说，真理问题先于价值问题。“人是什么”的问题，先于“人该做什么”的问题。“是什么”决定着“为什么”，弄清了“人是什么”，我们才能说“人应该做什么”，二者的逻辑关系就是如此。这是斯温伯恩思想的一大特色，也是西方主流思想的一大特色。从基督教的立场看，人究竟是什么？斯温伯恩从一个最基本的哲学问题——实体与属性谈起。

二、实体与属性

人包括物质和精神两个方面。我们通常认为，灵魂比肉体更重要。同事病了，我们去看他。这时，我们会说一些安慰的话，希望他安心养病，争取早日康复。我们认为，精神比肉体更重要，只要精神不垮，身体就会好起来。因为精神是肉体的支柱和向导。这是我们日常生活中的一个事实。这个事实说明，我们很重视心灵的作用。在很多思想家和文学家的作品中，“心灵、灵魂、精神、意识、思想”是同义词。本章也采用这种广义的解释，这是符合斯温伯恩思想的；他使用较多的是“灵魂”，但是他承认，“灵魂”与其他几种称谓可以互换。与重视心灵并存的另一个事实是，我们同样重视肉体的作用。还是以探视病人为例。我们经常说，身体是革命的本钱。意思是说，健康的身体是做好工作的先决条件，没有好的身体，就没有好的工作。这是我们日常生活中的又一事实。这个事实强调肉体的重要作用。读者也许会问：一会儿强调心灵，一会儿强调肉体，究竟强调哪一个？如果说两个都重要，二者都是人类不可或缺的，我们会不会陷入自相矛盾呢？会不会有“两个”最重要的东西呢？实际上，我们通常所谓“最大”“最好”“最快”等，只能有一个，不会有两个。比如说在男子110米跨栏这个项目上，某次比赛刘翔跑得“最快”。长江是中国“最长”的河流。在这次110米跨栏项目上，跑得最快的人不可能有两个。中国不可能有两条最长的河流。然而，哲学不同于常识。哲学的对象是宇宙万物，常识的对象是万物中之一物。前者是对后者的概括和总结。常识告诉我们，不能有两个最高级（最高、最快、最长……），但是我们可以猜测，哲学或许另有高见。因为常识和哲学毕竟不同。哲学家也许有理由说，世界上有“两种最重要、最基本”的东西。

上述讨论（人的高级认识能力、人与物的区别、心灵与肉体）可以用西方哲学中的“实体”来阐释。“实体”是西方哲学中一个非常重要、非常基本的范畴。古希腊大哲学家亚里士多德系统地阐述了这一范畴。他认为，实体即事物的本质。书桌不同于椅子，因为它们具有不同的实体。本质是事物的主要特征，没有了本质，事物也就不复存在了。举例来说，书桌的实体或本质特征是，我们可以在上面读书写字。椅子的本质特征是，我们可以坐在上面工作、学习、娱乐或休息。反之，我们不能在上面读书写字的家具，不可能是书桌；我们不能在上面坐的家具，不可能是椅子。除了本质特征，事物还有一些非本质特征。书桌可大可小，可以是正方形，也可以是长方形，可能是棕色，也可能是浅黄色。非本质特征的变化不会影响事物的存在，但是本质特征的变化，一定会影响事物的存在。对亚里士多德来说，“统一性”是一个重要原则。实体的重要意义在于，它能把其他特征统一起来；实体是诸多属性的基础。我们需要注意的是，亚里士多德所谓实体是普遍概念，而非具体事物。

对很多中国读者来说，实体算不上一个陌生的词汇。我们有时也用这个词，但是我们的意思和亚里士多德的解释大不相同。我们所谓实体，有时指“经济实体”（办一个实体，即“公司”），有时指“实际物体”（如“这棵树、那朵花”），有时指“抽象概念”（如“学生、职员”）。很多读者搞不清实体究竟为何物。实体是实际物体，还是抽象概念？既有亚里士多德的用法，又有我们的用法，如何是好？遵从亚氏，就要放弃我们的用法；坚持我们的用法，就要修改亚氏的定义。能不能既遵从亚氏，又坚持我们的用法呢？回答应该是肯定的。斯温伯恩的实体概念就是折中的产物。折中需要智慧。折中不是无原则的调和，不是糊里糊涂地和稀泥，而是黑格尔的所谓

“扬弃”，即有所继承，有所创新，推陈出新。

斯温伯恩深受亚里士多德的影响，但是他的实体概念与亚里士多德的实体概念大不相同。如上所述，斯温伯恩已经意识到实体概念的不同含义及其造成的思想混乱，所以他清楚地指出，实体即具体事物，即实际物体，而非抽象概念。这个人、那张桌子、窗外那棵树、你和我，都是实体。斯温伯恩的这个定义接近我们通常所谓实体，却与亚士多德的定义大相径庭。亚里士多德的实体指事物的本质特征，而本质特征总是表现为普遍概念；斯温伯恩的实体是具体事物，这是他们的重要区别。但是斯温伯恩的实体概念以及他对这个概念的阐述，却沿用了亚里士多德的观点和术语，这是他们之间的联系。

和亚里士多德一样，斯温伯恩认为，实体具有不同属性，有本质属性，也有非本质属性。“属性”即特征。本质属性即本质特征，非本质属性即非本质特征。斯温伯恩特别强调实体与属性的区别。他说，实体是个体，是具体的、实在的；属性不是个体，而是普遍概念，属性可以描述不同事物。例如，这个笔记本电脑是一个实体，那个男人是另外一个实体。这个笔记本电脑不同于那个男人，因为二者是两个不同的实体。一个不能代替另一个。属性是用来描述实体的。它们是一些普遍概念。“普遍概念”的意思是，它们可以描述不同实体，它们具有普遍性。我们说，这个笔记本电脑是黑色的，很轻，便于携带。“黑色的，很轻，便于携带”都是属性。这些属性不但能够描述这个笔记本电脑，而且能够描述许多其他事物。我们可以说，那个收音机是黑色的，很轻，便于携带；也可以说，那个夹克是黑色的，很轻，便于携带，等等。与此同时，斯温伯恩作了一个重要提示：实体是个体，但个体不一定是实体。例如天马行空或嫦娥奔月，天马、嫦娥虽然是个体，但不是斯温伯恩所谓实体，因为二者不是实际物体，没有真实性。

实体与属性是相互依存、不可分割的。“相互依存、不可分割”是我们很熟悉的一种表述，但是我们必须清楚地知道，是实体依靠属性，还是属性依靠实体。斯温伯恩的意思很明确，是属性依靠实体，而非实体依靠属性。有了实体，才有属性；没有实体，就不会有属性。举例来说，我们都知道，仙人球有刺。“仙人球”是实体，“有刺”是属性。“有刺”是仙人球的特征之一，除此之外，仙人球还有其他特征，比如说它的形状是球形或椭圆形，由若干纵棱组成，绿色，耐旱。这些属性共同组成我们所谓的仙人球。离开这些属性，我们就无法认识仙人球。从这种意义上说，实体离不开属性，实体依赖属性。因为我们是通过属性来认识实体的。实体表现为不同的属性。这是实体与属性相互依存的一个方面。从另一个方面来看，属性依赖实体。如上所述，有刺、椭圆形、由若干纵棱组成、绿色、耐旱，是仙人球的属性。它们存在，是因为仙人球存在。没有仙人球，就没有这些属性。有些读者把“相互依存、不可分割”当作口头禅，只会引述，不会论证，全然不知相互依存的内涵。我很同意斯温伯恩的观点：哲学思考应该尽可能地清晰明确；简明易懂是真理的标志。

不同的实体具有不同的属性。根据实体是否占有一定的空间，斯温伯恩把所有的实体分为两大种类：物质实体和心灵实体。他认为，必须占有一定空间的实体是物质实体。我们能够感知的所有物体，例如这朵花、那座房子、我的台灯、他的球拍等，都是物质实体。西方思想家喜欢用“广延性”这个术语，广延性即物质实体的空间性。在哲学研究中，分类是一件难事。大千世界无奇不有，有山川草木，也有鸟兽鱼虫，有高等动物，还有人类。我们不禁要问：哲学家怎能把这些事物划归一类呢？他们是根据什么进行分类的？他们的根据是，这些事物都有广延性，就是说，它（他）们都占有一定的空间。我不是你，你不是他，他不是那棵树，那棵树不是这台电脑，因为他（它）们占有不同的空间。空间把不同事物区别开来。斯温伯恩是一位颇具科学家气质的哲学家，他还提到一种特殊情况：物理学中的基本粒子，如质子和电子，是物质实体吗？他的回答是肯定的。其言外之意是，即便在微观世界，物质实体也占有一定的空间。但是他承认，把基本粒子当作物质实体，的确有些费解。

广延性是物质实体的最大特征。除此之外，斯温伯恩认为，物质实体还有三个特征。首先，物质实体通常包含不同的组成部分。比如我的书架，书架本身和上面摆放的书籍是其重要组成部分。按照斯温伯恩的定义，这些组成部分同样是实体。其次，不同实体之间存在着因果作用。太阳与地球之间有因果作用，地球与月球之间有因果作用，河水与河堤之间有因果作用，雨水与庄稼之间有因果作用。

斯温伯恩认为，不占有空间的非物质实体，是心灵实体。这是一个聚讼纷纭的难题。斯温伯恩已经预见到，读者会提出很多质疑。说桌椅板凳是实体，这不难理解；但是说心灵是实体，我们就觉得费解。为什么？因为二者差别太大。桌椅板凳是可以感知的，心灵是不可以感知的。前者是看得见、摸得着的，后者却不是。斯温伯恩的思想以清晰著称，但是在阐释心灵实体时，他显然没有说得足够清晰。他的物质实体要比心灵实体清楚许多。但是从他对心灵实体的详细阐述，我们不难发现，他所谓心灵实体，与其实体定义并不矛盾。根据他的定义，实体是单个的具体事物，如桌椅板凳。如果心灵是实体，它也是单个的具体事物。斯温伯恩的基本思想是，我们之所以不同，我不是你，你不是他，他不是其他任何人，正是因为我们具有不同的心灵。心灵是人的本质和标志。心灵是区别于物质实体的另外一种实体。

三、实体二元论——肉体与灵魂

斯温伯恩所谓心灵实体，主要是针对人提出来的。从某种意义上说，动物也有心灵，但是与人相比，动物的心灵还处于很低的水平。“很低水平”的意思是，它们没有人类这样的理智和情感。为了解释世界万物，西方人提出实体概念。西方思想家提出的实体理论可以归结为三类：物质实体一元论，心灵实体一元论，心物二元论。提倡物质实体的思想家认为，世界万物皆可还原为物质，即某种可以感知的物体。万物即物质的不同表现。这是物质实体一元论。提倡心灵实体的思想家认为，世界万物皆可还原为心灵。心灵超越物质世界，是纯粹的和永恒不变的。物质世界是精神世界的反映。这是精神实体或心灵实体一元论。提倡心物二元论的思想家认为，世界上存在两大类现象，即物质与心灵，一类不能归结为另一类。每一类现象都具有终极性。这就是心物实体二元论。斯温伯恩主张实体二元论。他认为，世界上不仅有物质实体，而且有心灵实体。就人而言，心灵实体是人的本质。某人存在与否，完全取决于他的心灵实体。心灵实体存在，人也存在；心灵实体不存在了，人也就消失了。他深知，二元论不是一种受人欢迎的理论。很多思想家赞同物质实体一元论，很少人主张二元论。他为什么要坚持二元论呢？

他坚持二元论的依据是，他坚信，心灵是区别于物质现象的另外一种现象，心灵现象不能归结为物质现象。这是哲学，不是神学。无神论思想家盖尔曾这样评论斯温伯恩：我不同意他，却很欣赏他，因为他诚实、勇敢而执着；他所关注的不是讨人喜欢，而是追求真理。斯温伯恩的基本观点是：不能因为我们不理解心灵（或灵魂），我们就说这个东西不存在。在他看来，心灵是存在的，这是毋庸置疑的事实。如前所述，实体必然表现为某些属性。比如，我用红颜色的笔批改作业。“笔”是实体，“红色”和“批改作业”是其属性。实体必然表现为属性的这一特征，斯温伯恩称之为“事件”，意思是说，实体必然是在一定时间、一定地点，具有一定属性的个体事物。“事件”是实体的存在方式。实体+属性=事件。例如，我是一个大学教师，根据斯温伯恩的定义，这就是一个事件。“我”这个实体选择了“大学教师”这个职业，这不是一个事件吗？所以斯温伯恩说，事件可以分为“物质事件和心灵事件”两个种类。

这种分类的根据是“公开性”。“物质事件”指的是自然现象。所有自然现象都有这样一个共性：它们对世界万物（包括人）是开放的，不是封闭的；它们的存在是公开的，不是隐蔽的或某些人所特有的。用我们熟悉的话来说，物质事件是客观存在的，不以人的意志为转移。因为是客观的，所以是开放的、公开的。牛顿定律是客观存在的自然规律。只要愿意学习，只要有老师教，谁都能通达这些真理。这就是说，它们是开放的、公开的。它们不会偏爱欧洲人，而歧视中国人，或相反。再举一例，北京是中国的首都。这是一个事实，它有公开性，任何人都能知道这个事实。读者也许会问，有些人生活在偏远山区，没有路，没有电，没有学校，那里的人们知道北京是中国的首都吗？很可能不知道。但是如果有人告诉他们，北京是中国的首都，他们就会知道这一事实。一句话，物质事件具有公开性。

心灵事件就不同了。“心灵事件”指的是心灵的活动。斯温伯恩强调心灵活动的独特性：主体有通达心灵事件的特殊途径。“主体”即个人。一方面，我是主体，你也是主体。另一方面，我是你的客体，你也是我的客体。斯温伯恩的基本观点是，每个人都能感知自己的内心活动。你的心情如何，你比谁都清楚。我不可能确切地知道，你心里究竟是什么感受。但是你一定知道，你是喜是悲。假如你是一位男同学，今天早上迟到了，被老师批评了。老师并不知道，你是有原因的。在你赶往教室的路上，你遇到一位患病的女生。急病，刻不容缓。在其他同学的帮助下，你把那位病得不能走路的女同学背到了校医院。病人得到及时救治，你却受到老师的批评。你心里想些什么？其他同学不知道，老师不知道，但是你心里很明白。因为你是感受者，是行为主体；你有通达自己的内心世界、了解自己的心灵事件的优先权和特殊方法。其他人能够了解他们自己的心灵事件，却不能了解你的心灵事件。同样的道理，你能够认识你的心灵事件，却无法认识别人的心灵事件。物质事件是公开的，任何一个有理解能力的人，都能了解这些事件。心灵事件则不然。心灵事件不是公开的，而是隐蔽的，属于某个个体。斯温伯恩思想的特殊之处在于，他主张心灵也是一种实体，一种非物质实体。人是什么？斯温伯恩回答说，人＝心灵

(灵魂) +肉体。肉体和心灵是人的两个组成部分。它们既有联系，又有区别，是两种不同的实体。这就是斯温伯恩的“实体二元论”。与此相反的是“实体一元论”，这种理论认为，人就是他的肉体，人的肉体即人本身；或者人就是他的灵魂，人的灵魂即人本身。他举了一个很有趣的例子，以说明心灵事件不同于物质事件，心灵是不同于肉体的另外一种实体。

斯温伯恩以“大脑移植”为例来说明自己的观点。在看这个例子以前，我们先来了解一个术语：思想实验。分析哲学家注重逻辑性和清晰性。为了说明自己的论点，他们常常求助于一些典型例证。例证是一些假设，是想象的产物。这些假设必须合乎逻辑，必须清楚明白，必须尽可能地接近事实。“思想实验”的意思是，哲学和科学一样，也是以事实为依据，以理服人。“大脑移植”的案例就是斯温伯恩做的一个思想实验。我们知道，人的大脑由三部分组成：脑干、左大脑半球和右大脑半球。事实证明，如果一个大脑半球受到损害，我们照样可以存活。斯温伯恩的假设是：约翰出了车祸，身体受到严重伤害，大脑却完好无损。如果他的大脑被一分为二，医生把他的两个大脑半球分别移植到两个不同的人身上，而这两个人也是某场灾难的受害者，大脑严重受损。斯温伯恩解释说，这种难度的手术现在看来是不可能成功的，但是他相信，随着医学的不断进步，这种手术终将获得成功。

我们感兴趣的问题是：如果这种手术成功了，世界上就多了两个活生生的人，我们假设他们的名字是保罗和彼得。他们到底是谁？这两个新人都有思想感情，许多方面都和约翰一样。他们的行为举止都带着约翰的特征。究竟哪一个是约翰呢？斯温伯恩分析说，情况不外乎三种：保罗是约翰，彼得是约翰，保罗和彼得都是约翰。但是这三种情况都不可能发生。为什么？先来看第一种情况。假如保罗是约翰，彼得就会说：我也有约翰的半个大脑，也有他那样的行为举止，凭什么说你是约翰，我不是约翰呢？斯温伯恩的意思是，我们不能肯定地说，肉体是人的标志。就这个例子而言，我们不能肯定地说，大脑组织是人的标志。第二种情况就比较简单了。如果彼得是约翰，保罗就会问他同样的问题：我也有约翰的半个大脑，也有他那样的行为举止，凭什么说你是约翰，我不是约翰呢？如果说物质特征是一个人的本质特征，我们就会遇到保罗和彼得那样的烦恼。我们就会搞不清，我们究竟是谁。第三种情况是，保罗和彼得都是约翰。我们也许认为，保罗和彼得都有约翰的半个大脑，因此他们都有理由说，自己是约翰。但是仔细分析，我们就会发现，保罗和彼得不可能都是约翰。因为从逻辑上说，这显然是不可能的。既说保罗是约翰，又说彼得是约翰，这就等于说，保罗是彼得。实际上，保罗是保罗，彼得是彼得。他们是两个不同的人，各有各的生活。我们知道，逻辑上不可能的事情，现实中一定是不可能的。从逻辑上说，保罗不可能是彼得，那么在现实中，保罗一定不是彼得。由此看来，假如物质特征是人的标志，那么如果我们把约翰的大脑分别移植给保罗和彼得，我们就无法肯定，手术成功后出现在世界上的两个新人——保罗和彼得，究竟哪一个是约翰。

这个例子说明，物质特征不是人的本质特征。斯温伯恩认为，只有心灵特征或灵魂，才是人的本质特征。我们之所以不同，是因为我们的心灵各不相同。从这种意义上说，人即心灵。好人有一个美好的心灵。坏人则缺乏一个美好的心灵。不好不坏的人有一个冷漠的心灵。我们追求真善美，因为这是心灵的一种美好境界。这是否意味着，物质或肉体不重要呢？不是的。斯温伯恩只是强调，心灵是不同于物质的一种现象；我们不能把心灵现象归结为物质现象。人都会犯错误。人类经常犯的一种错误就是走极端。欧洲的中世纪是信仰的时代。基督教信仰是主流思想。人们认为，信仰最重要。他们试图用信仰来解释一切，结果夸大了信仰的作用。文艺复兴以来，科学思想深入人心，迅速成为主流思想。西方步入科学的时代。于是人们相信，科学能够解决一切问题，能够为我们创造美好的生活。他们试图用科学解释一切，结果夸大了科学的作用。用科学来解释宗教，二者必然发生冲突；反之亦然。为什么？因为对象不同，方法不同，结论不同。我们可以说，人类思想的进步历程就是不断克服这种走极端的过程。少走极端或不走极端，是人类进步的重要标志。斯温伯恩强调心灵的重要性，但是他并不贬低物质或肉体，更不否认物质实体的存在。他只是说，心灵是不同于肉体的另外一种实体。

心灵是人的本质。有什么样的心灵，就有什么样的人。没有了心灵，也就没有人的存在。欧洲文艺复兴以来，西方科学以惊人的速度突飞猛进。科学的成就无比辉煌，科学的力量无比强大。在这种背景下，有些思想家认为，科学是万能的，科学能够揭示心灵的奥秘。在他们看来，心灵活动可以归结为大脑活动；大脑活动是物质性的肉体活动。斯温伯恩反对这种看法。他认为，心灵与大脑关系密切，但是二者不是同一个东西。从大脑移植的例子看，就肉体而言，彼得和保罗都应该是约翰，因为他们都移植了约翰身上最重要的器官——大脑。事实上，我们并不这么认为。我们不会说，彼得和保罗都是约翰，因为这样说是自相矛盾。拥有约翰最重要的器官，都不足以使保罗或彼得成为约翰，这说明，人的身份不取决于肉体；肉体不能决定人的身份。斯温伯恩举例说，假如约翰遭遇了一场脑溢血，经过六个月的治疗，他苏醒了。问题是：他还是不是原来那个人？斯温伯恩认为，我们对大脑的认识并不能确切地告诉我们，他是否活着。在他看来，人的持续存在取决于他的心灵或灵魂，而不仅仅取决于肉体。患病之前，约翰的大脑和心灵是结合在一起的；患病之后，心灵和肉体的这种结合可能发生了变化。如何判断他的身份呢？斯温伯恩说，看他的心灵。如果他的思想感情和性格特征没有发生变化，他就是原来那个人；如果这些方面发生了变化，他就不再是他了。大脑是约翰身体上的一个器官。身体器官的变化不足以使一个人变成另外一个人。如果张先生移植了王先生的角膜，我们不会说，张先生变成了王先生。如果儿子把自己的一个肾捐献给生命垂危的母亲，我们不会说，儿子就成了母亲。如果刘女士为黄女士捐献了骨髓，我们不会说，刘女士就成了黄女士。斯温伯恩认为，一个人持续存在的主要标志是他的精神、心灵、灵魂、意识，而不是肉体。

心灵不同于肉体，心灵活动也不同于肉体活动。斯温伯恩认为，心灵活动“大于”肉体活动，意思是说，前者可以表现为后者，也可以不表现为后者；我心里想什么，我可以表现出来，也可以不表现出来。有些唯物主义思想家主张，心灵活动可以还原为肉体活动。举例来说，让老师批评了，你心里不舒服，不由得哭了起来。这些思想家认为，我们可以通过肉体活动（实际行为）来解释心灵活动。你哭了，这说明你心里不舒服。斯温伯恩和另外一些思想家不同意这种观点，他们认为，肉体活动“并不总是能够完全解释”心灵活动。假如你心里不舒服，你可以把这种感觉表现出来，也可以把它掩饰起来。只有表现出来，别人才能知道你心里不舒服。如果把它掩饰起来，别人就无法了解你的感受。斯温伯恩的观点是，心灵活动可以表现为某种公开行为，也可以藏在心里，不让别人知道。如果你把自己的感觉藏在心里，不表现出来，这种感觉仍然存在，只是没有表现出来而已。我们不能因为它没有表现出来，别人不知道，就否认它的存在。

我们可以从反面来理解斯温伯恩的观点。假如心灵活动可以还原为肉体活动，肉体活动是第一位的，心理活动从属于肉体活动，那么只要我们掌握了肉体活动的规律，我们就能准确预见心灵的活动。我们知道，肉体活动是有规律的，这种规律不难掌握。一天不吃饭，我们会觉得饥饿难耐。两天不睡觉，我们会觉得昏昏沉沉。三天不洗澡，我们会觉得浑身不舒服。人同此身，身同此理。根据我的经验，我能够推断你的感受。我不会在数九寒天穿一件衬衣上街，我想你也一定不会。我不会吃腐烂的食物，我想你也一定不会。这是肉体活动的规律。这种规律是公开的，谁都可以掌握。问题在于，我们不能根据肉体的活动，准确地预见心灵的活动。一天不吃饭固然难受，但是我宁愿饿死，也不会屈服于嗟来之食。两天不睡觉固然难受，但是不管怎么难受，我也不能暴露自己的真实身份，给自己带来危险。用斯温伯恩的话说，这些事例表明，肉体活动是人的重要特征，但不是其本质特征。肉体活动仅仅是人类生活的一个方面，心灵活动是人类生活的另一个方面，而且是更重要的一个方面。一部详尽的世界历史不仅要记述时间长河中的重大事件，而且要阐述人们的思想感情。因此，历史不是事件的历史，而是人的历史。

四、大脑与灵魂的出现以及二者的结合

在我们身边，有人是思想家，有人是科学家、企业家、工程师、作家、商人、教师等。其他人有思想，思想家也有思想。思想家与其他人的不同之处在于，他要考察别人的思想以及自己的思想。因此很多思想家认为，哲学是“思想的思想”。这就是说，大部分人是思想者，少数人是思想家。思想家要考察思想者的思想。他们会提出一些在思想者看来不是问题的问题。思想家认为，思想者所谓理所当然的一些观念，实际上是有问题的。

从实体二元论出发，斯温伯恩对大脑的出现、灵魂的出现、大脑与灵魂的结合三个重要问题，进行了深入研究。对很多人来说，大脑、灵魂以及二者的结合，根本算不上问题。对这些问题熟视无睹的人，又可分为两类。一部分人认为，思考这些问题徒劳无益，何苦在这些无益的问题上浪费生命呢？还是做一个现实主义者吧。多少问题亟待解决，哪有时间考虑这些不切实际的问题？这是一种实用主义，也是一种不置可否的态度；它不否认问题的存在，但是它相信，这些问题无足轻重，不值得研究。另一部分人认为，这些问题不可回答。谁知道大脑和灵魂是如何产生的？我们自己的大脑和灵魂是如何出现的，我们不得而知。连自己的大脑和灵魂都搞不清楚，何以理解远古时期的大脑和灵魂？这是一种不可知论。明知有问题，但是不去研究，却下结论说问题不可知。伯特兰·罗素说，这是懒汉的哲学。懒汉认为，大家都一样，谁也不知道问题的答案，科学家并不比文盲更有智慧。这显然是错误的，因

为它与事实背道而驰。我们知道，事实或实践是检验真理的唯一标准。真理是对事实的正确解释，谬误是对事实的错误解释。实用的观点或不可知的态度，不是在回答问题，而是在回避问题。我们知道，回避问题不是对待问题的正确态度。我们应该正视问题，理解问题，解决问题。

斯温伯恩的基督教神学思想与上述观点相去甚远。在他看来，大脑、灵魂以及二者的结合，是一些我们可以回答的重要问题。关键在于，我们必须分清什么是宗教，什么是科学。我们不能用科学代替宗教，也不能用宗教代替科学。科学和宗教有各自的研究领域和研究对象。科学不能回答的问题，也许本来就不是科学的问题，而是宗教的问题；宗教不能回答的问题，也许本来就不是宗教的问题，而是科学的问题。从基督教的立场看，大脑和灵魂的起源以及二者的结合具有重要意义。只有弄清这些问题，我们才能回答以下几个极其重要的问题：人是什么？他从哪里来？他要到哪里去？简言之，大脑与灵魂的问题关系到人在宇宙中的地位以及人的尊严和价值。谁敢说人的价值和尊严是无关紧要的问题？

大脑与灵魂的起源与人类的起源有关。谈到人类的起源，我们自然会想到达尔文。斯温伯恩深知，达尔文对现代思想产生了巨大而深远的影响。我们通常把达尔文的进化论概括为“物竞天择，适者生存”，这种理解是恰当的。我觉得，“演化”比“进化”更准确，更能表达“物竞天择，适者生存”的思想。因为“演化”既包括“进化”又包括“退化”。“进化”只有“优者胜”的意思，却没有“劣者汰”的意思。达尔文认为，生物主要是以偶然变异和自然选择的方式逐渐演化的。不同的生物起源于不同的原始祖先。变异是“物竞天择，适者生存”的原动力。

在生存竞争中，有利的变异能够使生物适应环境，繁衍生息；不利的变异不能使生物适应环境，繁育后代。这就是所谓的优胜劣汰。自然选择是经过无数微小变异的累积而实现的，因此生物的演化是一个渐进的过程。达尔文并没有说清楚，生物演化是如何进行的。随着时间的推移，下一代固然比上一代更能适应环境，然而环境是可变的。随着环境的变化，以前那些有利的或不利的变异，也会发生变化。以此推断，西方学者认为，达尔文所谓演化应该有一个目标。不同的生物有不同的演化目标，这些目标又是可变的。达尔文演化论的一个重要意义在于，它用科学的而不是宗教的方法，来解释生物的演变。他认为，用“上帝的创造或上帝的设计”来解释生物的起源和演化，只能说明我们的无知。达尔文的思想显然是科学而不是宗教。和无神论者一样，绝大多数有神论者也相信科学。二者的区别在于，无神论者不相信宗教，有神论者则既相信科学，又相信宗教。

英国著名科学家理查德·道金斯认为，人的存在曾经是世界上最大的奥秘，但是这个奥秘已经被揭开，达尔文为我们回答了这个问题。这是进化论对当代思想的巨大影响。斯温伯恩是如何看待这些问题的？我们知道，他既相信宗教，又相信科学。在生物演化史上，动物什么时候有了大脑，什么时候有了灵魂，我们不得而知。他认为，所有脊椎动物都有心灵生活，因为它们都有一个类似于人脑的大脑。大脑是心灵生活的源泉。只有假设脊椎动物也有我们这样的思想感情，我们才能很好地解释它们的活动。举例来说，我国西南边陲的一个小村庄，出现了一条蟒蛇。它蜷曲在一棵老树下，一动不动。两天过去了，好奇的村民试着与它交流。他们在一根长木棍的顶端绑上一个用过的易拉罐，把香蕉或水送给蟒蛇。蟒蛇不吃不喝，还是一动不动。村民报告了当地林业局。检查之后，动物专家说，蟒蛇受了重伤，伤口已经感染，急需治疗。在人类的帮助下，这条蟒蛇得到救治。奇怪的是，几个星期之后，这个小村庄的这棵老树下，又出现了一条蟒蛇。情形与上次一样。村民报警，专家到场。经过检查，专家得出结论：这就是上次来到这里的那条蟒蛇，因为它的体长、特征，尤其是伤口的位置，与上次那条蟒蛇完全相同。我们应该如何解释这种现象呢？一种解释是，蟒蛇没有心灵生活，它两次来到同一个地方，而且是其他动物很少光顾的一个地方，纯属巧合。另一种解释是，蟒蛇有心灵生活，它知道，来这个地方，就能得到帮助。我们愿意相信哪一种解释呢？我想，很多人会相信后一种解释，因为这种解释能够很好地说明这种现象。斯温伯恩认为，病毒和细菌没有心灵生活，因为它们没有我们这样的大脑。心灵或灵魂的出现是人类演化史上的一件大事。这是动物和人类的心灵生活的开端。只有通过心灵，我们才能很好地解释人的生活。有些科学家和哲学家不愿意承认，随着动物和人类的演化，心灵或灵魂出现了。为什么？如果这是真的，他们就会茫然不知所措。斯温伯恩说，因为无法解释这种现象，我们就否认其存在，这种做法实在是荒谬。

"宇宙是经过精心设计的"

斯温伯恩的解释是宗教，不是科学。他认为，人类的出现、灵魂的诞生都是奇迹，都是上帝创造的。在他看来，达尔文的进化论能够解释生物的演变，却不能解释生物的起源，也不能解释生物演化为什么遵循这些规律，而不是另外一些规律。以长颈鹿为例，我们自然会问：它们的脖子为什么那么长？进化论的回答是，在长颈鹿的演化过程中，长脖子是一种生存优势。长脖子能使长颈鹿获得更多食物。短脖子的长颈鹿由于缺乏食物而被淘汰。事实证明，长颈鹿的脖子不能太长，也不能太短。太长了，它们不能快速奔跑，以逃脱食肉动物的追捕；太短了，它们够不到高处的树叶，无法维持生命。它们能够生存下来，是因为它们的脖子既不长，也不短：长到足以取食高处的树叶，短到足以逃脱猛兽的追捕。这就是长颈鹿演化的故事。人和其他动物都有一个类似的故事。"物竞天择，适者生存"的理论，就是要排斥宗教，倡导科学。斯温伯恩持不同看法。他认为，达尔文的故事不够完整。无生命的物质进化为生物，生物进化为动物，动物进化为人类，这种解释能够说明事物的存在及其演化，却无法说明事物的最初起源及其规律。为什么无生命的物质能够进化为生物，生物进化为动物，动物进化为人类呢？为什么会有"优胜劣汰"的规律呢？为什么生物的存在取决于进化的规律而不是其他规律呢？斯温伯恩认为，只有两种可能的回答。一种回答是，这些问题没有答案。换言之，我们本来不该提出这样的问题。另一种回答是有神论。基督徒认为，上帝是宇宙的创造者，因此他也是生物演化规律的创造者。上帝创造了一个能够产生人类和其他生物的宇宙。斯温伯恩补充说，当代科学研究证明，宇宙是"经过精心设计的"，意思是说，宇宙大爆炸时，原始的物质—能量必然具有一种能够创造生命的密度和衰退速度。原始物质的密度和衰退速度哪怕只有百万分之一的增减，都会使宇宙演化不出生命。斯温伯恩的意思是，如果不假设上帝的存在及其精心设计，我们就只能说，原始物质碰巧具有这样的密度和衰退速度，这种密度和衰退速度碰巧能够演化出生命。

基督徒思想家认为，宗教不是要取代科学，而是要回答科学无法解释的一些问题。这并不是说，科学的解释力不如宗教，而是说这些问题不属于科学问题，它们是一些哲学问题或神学问题。如本书第 1 章所述，和科学解释一样，人格解释也是我们经常使用的一种解释。基督教对人类的起源、大脑—心灵关系的解释，就是一种人格解释。演化论指出，心灵是一种生存优势。斯温伯恩完全同意这种解释。与演化论者相比，作为哲学家的斯温伯恩似乎追溯得更远：心灵这种生存优势从何而来？为什么人类会有这样一种明显优势？具体到心灵与肉体（或心灵与大脑）的关系，斯温伯恩的问题是：心灵与大脑是如何结合在一起的？演化论告诉我们，原始大脑发展到一定阶段，就会产生心灵。这是对大脑—心灵这种客观事实的解释，而不是对大脑和心灵的结合过程的描述。心灵与大脑究竟是如何结合在一起的？用斯温伯恩的话说，我的灵魂与这个大脑结合在一起，你的灵魂与那个大脑结合在一起，这是为什么？我们都知道，男女有别。和男人的肉体结合在一起，我会有男人的思想（心灵）；和女人的肉体结合在一起，我会有女人的思想。我的肉体与男人的思想结合在一起，你的肉体与女人的思想结合在一起。这是为什么？我的肉体没有与你的心灵结合在一起，男人的肉体没有与女人的心灵结合在一起。这是为什么？在斯温伯恩看来，这不是一个科学问题。按照基督教的教义，全能的上帝是所有这些问题的答案。

生命是如何出现的？人能自如地直立行走，其他动物则不能；人有复杂的语言系统，其他动物则没有。人的身体与动物的身体很不相同。这是为什么？人有高级认识能力，其他动物则没有。这又是为什么？其他动物为什么进化不到我们这样的认识水平？动物的大脑是如何进化为人的心灵的？心灵是人的标志。不同的肉体是如何获得不同的心灵的？斯温伯恩的回答是基督教有神论。如第2章所述，基督教的上帝不是“缝隙中的上帝”，不是用来填补人类知识的空白的。根据他的解释，上帝不是直接创造了各种生物和人类，而是直接创造了人和其他生物得以进化的那些基本规律。简言之，上帝是宇宙的设计者。没有他的设计，就没有整个宇宙。为什么会有宇宙大爆炸？大爆炸的那一刻，万物的雏形已经存在。为什么？因为上帝的设计。由于这种设计，无生命的物体进化为生物，生物进化为动物，动物进化为人；由于这种设计，人体不同于动物的身体，人的心灵不同于动物的心灵，人的心灵与人的身体结合在一起，脊椎动物的心灵与脊椎动物的身体结合在一起，我的心灵与我的肉体结合在一起，你的心灵与你的肉体结合在一起。斯温伯恩指出，有些科学家懂哲学，有些不懂。他与后者的区别是，他承认有两种不同的解释，即科学解释和人格解释，后者只承认科学解释，不承认人格解释。不懂哲学的科学家不会思考上述问题。

未经省思的人生是没有价值的人生

我们是谁？我们从哪里来？我们到哪里去？生命的意义是什么？我们在宇宙中占有什么位置？对于喜欢思考的人来说，这是一些非常重要的问题。因为我们对宇宙、对我们自己、对我们与宇宙的关系的理解，决定着我们的人生观。对这些关系的不同理解，会产生不同的人生观。我们可能有不同的人生观，却不可能没有人生观。读者也许会说，那些不喜欢思考的人就没有人生观。诚然，有些人是糊里糊涂地活着，今朝有酒今朝醉，根本没有什么人生观。这里我们必须区分两种情况：自觉的人生观和自发的人生观。自觉的人生观是思想者深思熟虑的产物，思想者能够自觉自愿地实践这种观点。自发的人生观不是思想者深思熟虑的产物，确切地说，因为我们没有反思自己的生活，所以我们没有明确的生活目标。我们的生活时而以某种物质利益为目标，时而以某种精神境界为目标。我们也许觉得百无聊赖，根本没有任何目标。实际上，这是三种不同的人生观，只是我们没有认真地反思它们。以物质利益为目标的人生观是物质主义，以精神境界为目标的人生观是唯心主义，根本没有任何目标的人生观是虚无主义。自发的人生观是自觉的人生观的初级阶段。自觉的人生观能够给人以鼓舞和激励。自发的人生观有时能够鼓舞人、激励人，有时不能；因为在这个阶段，人们还不能自觉自愿地实践这种观点。古希腊先贤苏格拉底有句名言：未经省思的人生是没有价值的人生。借用他的术语，我们可以说，自觉的人生观是一种经过省思的人生理想，自发的人生观是一种未经省思的人生理想。前者有价值，后者没有价值。

斯温伯恩认为，基督徒的人生观是自觉的人生观。他们相信，上帝是宇宙的创造者和维持者。我们也许会问：基督徒既是上帝的儿女，又是其父母的儿女，这该如何理解？根据斯温伯恩的思想，上帝是自然规律的创立者和维持者；没有上帝，就没有自然规律，就没有世间万物。从这种意义上说，父母儿女均来自上帝。所有人都是上帝的创造物。从这个角度看，上帝赐予我们灵魂，使我们成为人类，让我们区别于其他动物，赋予我们高级认识能力。作为上帝的创造物，我们应该弘扬他的恩典，做他希望我们做的事情，格物致知，善善恶恶，止于至善。这便是基督徒所谓人生的意义。我们在宇宙中居于什么位置？《旧约·创世记》说，人是取样于上帝的存在。上帝让人管理其他动物，以及地上的所有其他事物。这就是说，人低于上帝，但高于所有其他事物。人是万物的管理者。沿着这个思路，斯温伯恩认为，全善的上帝一定喜爱有生命的物体，他有特殊的理由创造人类，因为人类能够在知识和道德两个方面不断地自我完善。特殊的理由包含着特殊的希望，特殊的希望包含着特殊的位置。举例来说，我让汤姆做班长。为什么不选别人，而单单选他？我当然有自己的理由。这种理由一定具有特殊性，因为我的选择不是盲目的，而是经过深思熟虑的。特殊的理由意味着特殊的希望。我希望汤姆能够以身作则，率先垂范，带领全班同学不断进步，做德、智、体、美全面发展的好学生。特殊的希望意味着特殊的地位。在我心目中，汤姆的位置"高于"其他同学。因为他是班长，所以他有权管理班级事务，组织各种活动，协调同学之间的关系，向老师反映其他同学的意见或意愿，等等。斯温伯恩认为，人在宇宙万物当中的位置，好比班长在一个班里的位置。人有特殊的位置，因为他有特殊的使命。斯温伯恩所谓上帝创造人类的特殊理由，就是这个意思。基督徒认为，基督教简明而清楚地回答了"我们是谁""我们从哪里来""我们应该如何生活""我们将要到哪里去""我们在宇宙中占有什么位置"等重要问题。这种回答不同于科学，因此不会与科学发生冲突。

人是一个极为复杂的问题，所有的文化都在讨论人，基督教文化是其中的一个形态。本章主要阐释了斯温伯恩关于人的起源、人的本质、人的肉体与心灵以及二者的结合等重要问题。这些问题有一个共同特征：以单个的人为例。我们都是单个的人，与此同时，我们又属于同一族类——我们都是人类。没有其他人，我们无法生存；反过来，没有我们，其他人也无法生存。我们是相互依存的。没有建筑工人盖房子，工程师就没有住的地方；反之，没有工程师的设计和指导，建筑工人就不知道如何盖房子。这就意味着，人不仅是一个人，而且是一个社会。社会是一群人，是单个人组成的集体。社会是一个大家庭，在这个大家庭里，人与人如何相处的问题，尤为重要。道德行为是善，不道德行为是恶。有德之人懂得如何与人相处，而且身体力行。无德之人懂得如何与人相处，却不身体力行。无神论者和有神论者都认为，邪恶或罪恶是我们必须面对的一个重要问题。如果上帝存在，如果他是全能、全知、全善的，人世间怎么会有这么多的坏人坏事呢？这便是下一章的主题。

第 5 章

道德罪恶与自然灾害

一、概念辨析

罪恶存在的悖论

无神论者和有神论者都很重视罪恶问题。无神论者认为，罪恶的存在与上帝的存在是不相容的。罪恶存在，上帝就不存在；上帝存在，罪恶就不存在。二者不能同时存在。罪恶能够证明，上帝不存在。与此相反，有神论者认为，罪恶是不容否认的事实，但是罪恶的存在与上帝的存在并不矛盾。上帝有理由让这些罪恶存在。很多人对罪恶问题很感兴趣，他们坚持无神论，反对有神论，但是他们不知道，有神论者为什么既承认罪恶存在，又承认上帝存在。

了解斯温伯恩的思想之前，我们应该考察一些基本概念，它们包括：罪恶、邪恶、善、恶、好事、坏事、苦难、道德罪恶、自然灾害、神正论等。对我们来说，基督教文化是一种外国文化，比较陌生。我们知道，每个行业都有自己的习惯用语，基督教文化也不例外。在基督徒思想家的讨论中，“罪恶问题”占有突出位置。从古到今，基督徒思想家们一直在讨论这个问题，因为古代有罪恶，近代现代照样有罪恶。只要人类存在，罪恶问题就存在。在他们那里，罪恶问题既是一个老问题，又是一个新问题。

对很多中国读者来说，翻译起着重要作用。好的翻译既有可读性，又有思想性。反之，不合格的翻译既无可读性，又无明确的思想性。基督教神学中的罪恶问题也是如此。翻译得好，读者就觉得好理解；翻译得不好，读者就觉得费解。英语单词“evil”通常翻译为“罪恶”，“the problem of evil”通常翻译为“罪恶问题”。从字面看，这样翻译固然不错。但是从内涵看，这样翻译就出问题了。因为当代思想家在讨论罪恶问题时，不仅谈论道德方面的罪恶（moral evil），而且谈论自然界的“罪恶”（natural evil），这就给一些中国读者带来了麻烦，因为这些读者不能读英文或读不到英文。懂英语的人知道，在英语中，道德罪恶（moral evil）和自然罪恶（natural evil）显然是一些自然的说法，但是在汉语中，“自然罪恶”这种说法就很不自然了，听上去很别扭。就是说，在汉语中，“自然罪恶”是一种含糊不清的表述，它至少有这样两个含义：第一，大自然犯了大错，成为罪犯；第二，某种行为本来就是罪恶。这两种解释与英语原意大相径庭，它们本身也是自相矛盾的。根据斯温伯恩的界定，“自然罪恶”指的是各种各样的自然灾害，即各种天灾与人祸，是与道德罪恶相对的。简言之，“自然罪恶”这种说法既不合乎英语原意，又不合乎汉语习惯。我们通常不说，前些天下大雨，铁路被洪水冲断了，这是“自然罪恶”。我们也不会说，去年的干旱，是“自然”的另一宗“罪恶”。在汉语中，“罪恶”与行为者的主观意愿有关。明知杀人放火不对，还一意孤行，这就是罪恶。“罪恶”一词包含着道德评价。罪恶是一种极端的不道德。我们知道，自然现象与主观意愿无关，我们不能用“罪恶”来描述它们，因为自然现象的发生不是主观的，而是客观的。简言之，英语可以说“自然罪恶”，汉语不可以这样说。这是文化差异。谁都知道，翻译的作用就是沟通两种不同的文化。要沟通，就要在两种不同的文化之间求同存异。不同的文化反映不同的生活。不同的生活既有相似之处，又有相异之处。因为有相似之处，所以不同的文化可以互相交流；因为有相异之处，所以这种文化不可替代那种文化。相似性是差异性的基础。举例来说，坏事就是坏事。自然灾害是坏事，不道德也是坏事。无论东方或西方，概莫能外。我们常说，人同此心，心同此理。这种观点也能说明，相似性是差异性的基础。先看到相似性，然后才能看到差异性。先看到坏事，然后才能细看，究竟是什么样的坏事。我认为，翻译者的一个重要任务是，用读者熟悉的语言，来表述他们不熟悉的思想。沿着这个思路，我们最好把英语中的“自然罪恶”翻译为“自然灾害”。这不是“直译”，而是“意译”。“自然灾害”是英语所谓“自然罪恶”的内涵，是中国读者所熟悉的一种说法，通俗易懂。

很多问题需要我们思考，道德问题尤为突出。道德与生命的意义息息相关。如果生命没有意义，就不会出现道德问题。很多人认为，道德生活就是好的生活，不道德的生活就是坏的生活。道德是一个标准，一种目的，一种尺度。它指导着我们的生活。这是传统问题。而自然灾害的问题以及动物遭受的苦难，是当代思想家讨论的新问题。无神论思想家认为，这些现象与一个全善的上帝背道而驰，它们的存在意味着上帝的不存在。由于这些现象涉及上帝的属性，所以基督徒思想家通常把它们和道德问题放在一起讨论。把道德问题与自然灾害和动物的苦难放在一起，就是因为这个原因。

除了“道德罪恶”与“自然灾害”，斯温伯恩还使用了如下概念：善、恶、好事、坏事、罪恶、邪恶、苦难、神正论。由于英语和汉语的语言差异，中国读者往往觉得，善、恶、罪恶、邪恶是一些模糊的概念。斯温伯恩的解释很清楚，善即具体的好事，比如扶危济困、乐善好施、诚实守信、廉洁公正。一位坚持正义的法官是一位好法官，坚持正义是好的，是一件好事，其行为是一种善。与此相反，恶即具体的坏事。“罪恶、邪恶、恶”是同义词，都是指具体的坏事。为了满足一己私利，便杀人放火，造谣中伤，这是一种恶、罪恶或邪恶，一件坏事。洪灾、旱灾、雪灾、火灾，也是坏事，这是灾害，是天灾，而非“罪恶”。

与坏事相关的一个常见术语是“苦难”，这是我们所熟悉的一个词，与通常所谓苦难完全相同。善带给我们幸福，恶带给我们痛苦。痛苦即苦难。“苦难、痛苦、灾难”是同义词。天灾人祸会给人和动物带来灾难。一些无神论者和有神论者都认为，苦难是基督教神学的一大难题。为了说明仁慈的上帝与苦难的存在并不矛盾，基督徒思想家提出了不同的理论，以阐述上帝之所以允许这些苦难存在的理由。这就是所谓的“神正论”。宗教或哲学专业之外的读者，可能不知道这个术语。神正论专门探讨恶与上帝的关系。就这个词本身而言，“神”指上帝，“正”指正义或正当理由。两个部分合在一起，就是一个问题：上帝有何理由允许坏事存在？神正论旨在回答这个至关重要的问题。

斯温伯恩把“恶”或“坏事”分为两种：道德罪恶和自然灾害。这样分类的依据是自由意志。道德罪恶是明知故犯。明明知道撒谎不对，有人就是要撒谎；明明知道虐待流浪儿不对，有人就是要逼迫他们乞讨。坏人知道，他们的行为会造成什么样的后果。我们知道，人有自由意志，他可以做好事，也可以做坏事。道德罪恶是人自由选择的结果。这是人类社会特有的现象，动物界和自然界没有这种现象。斯温伯恩认为，高等动物与人类相似，具有一定程度的自由意志。北极熊会吃掉或遗弃新生的幼崽，这也是一种罪恶，类似于我们法律中的遗弃罪和故意杀人罪。但是，动物的自由意志与人的自由意志有很大差异。我们能够确切地知道，某人为什么说谎，但是我们无法确知，北极熊为什么要吃掉自己新生的幼崽。与道德罪恶不同，自然灾害与自由意志无关。我们通常不会把地震、海啸、洪涝灾害等自然现象，归咎于某个人或某些人。我们相信，自然灾害是自然规律发生作用的结果，与人的主观意志无关。我们感兴趣的问题是，从基督教教义看，全知、全能、全善的上帝，为什么允许道德罪恶和自然灾害存在？他就不能为我们创造一个只有好人、没有坏人的世界？他就不能为我们创造一个风调雨顺、没有自然灾害的世界？

二、道德罪恶

人类遭受苦难的神学解释

谁都不会否认，我们周围有一些坏人和坏事。回顾历史，绝大多数人认为，希特勒和东条英机是坏人，因为他们滥杀无辜。发动侵略战争是一种罪恶，但抗击侵略者不是滥杀无辜，而是正义的自卫。知道奥斯威辛集中营或南京大屠杀的人不禁要问：如果上帝存在，如果他真的是无所不知、无所不能、完全善良的，那么德国人屠杀犹太人、日本人屠杀中国人时，他在哪里？他在干什么？他为什么会无动于衷？基督徒思想家引述最多的，是19世纪俄国著名作家陀思妥耶夫斯基的名著《卡拉马佐夫兄弟》中那些骇人听闻的罪恶。陀思妥耶夫斯基是虔诚的基督徒，他对罪恶的深刻反思很有代表性。他的事例说明，有些基督徒并不回避问题；他们能够面对问题，思考问题，解决问题。希特勒和东条英机代表的是一个民族、一个国家，和个体一样，集体、国家或民族也会犯错误，也会铸成千古大错。比较而言，陀思妥耶夫斯基笔下的恶人是一些小人物。人物虽小，其罪恶的人性却揭示出一个大问题。卡拉马佐夫是一个富裕地主和高利贷者，有三个儿子。长子德米特里是退伍军官。次子伊凡上过大学，是无神论者。三子阿辽沙是见习修士。伊凡和阿辽沙的对话，发生在该书第二部第二卷“赞成和反对”中。伊凡列举了人类的诸多罪恶。例一，土耳其人担心斯拉夫人起来造反，就开始迫害斯拉夫人。他们比野兽还残忍，因为野兽只会咬、啃、撕，却从不折磨人。土耳其人则不然，他们用匕首划开母亲的肚子，剖出婴儿。例二，他们还当着母亲的面，把吃奶的孩子抛到空中，再用刺刀接住。例三，为了寻开心，他们逗弄婴儿，引他发笑。孩子笑了，土耳其人照孩子的脸就是一枪，把他的脑袋打得粉碎。例四，一对受过良好教育的父母，竟用各种手段虐待他们5岁的女儿。用棒子打、用鞭子抽、用脚踹，无所不用其极。这种虐待甚至到了挖空心思的地步：天寒地冻的时候，小女孩儿被整夜关在厕所里，还不能大小便。例五，一个农奴的男孩，刚满8岁，玩耍时不留神扔了一块石头，弄伤了一只猎狗的腿。不幸的是，这是将军的爱犬。作为惩罚，将军把孩子从母亲身边带走，关了禁闭。第二天早上，将军要外出打猎。全体家奴被叫来受训。小男孩被带到打猎队伍面前。在阴沉寒冷的秋天，8岁的孩子被扒光衣服。将军下令：赶他跑！孩子跑了。将军又命令：捉住他！当着母亲的面，一群猎狗把孩子撕得粉碎。

阿辽沙不明白伊凡的用意，便问哥哥：讲这些故事用意何在？伊凡说，首先，如果魔鬼不存在，是人创造了它，那么人一定是照着自己的模样创造它的，上帝也是如此。既然人是照着自己的模样创造上帝的，那么上帝也好不到哪里去，因为上帝的模样——人，本来就很坏。其次，基督徒思想家说，不受罪，人就会善恶不分。受了罪，他才会知道什么是善，什么是恶。伊凡说，如果分辨善恶需要付出这么大的代价，我们要这该死的辨别力干什么？

伊凡的质问能够代表很多读者的态度。很多读者一定会提出同样的问题。如果上帝存在，那么当这些无辜的小生命遭受种种虐待，迫切地祈求他救助时，他为什么没有回应？作为虔诚的基督徒，陀思妥耶夫斯基不是要否定上帝，而是要思考上帝与罪恶的关系。但是他不否认，这部作品具有否定上帝存在的强大力量。香港著名学者关启文教授说，伊凡的控诉极富震撼力，初读这部小说时，他的心情久久不能平静。伊凡提示我们，不要对世上的苦难麻木不仁。斯温伯恩的态度与此类似。他深知，神学家要创立神正论，为上帝开脱罪责，这种做法会使人觉得，神学家是一些冷酷无情的人，对人类的苦难无动于衷。人们会觉得，神学家对待苦难的态度不道德，因为他不能推己及人。斯温伯恩解释说，他当然知道诸如此类的巨大痛苦。人在悲痛欲绝时，他所需要的不是论证，而是安慰。然而，我们知道，情感不能代替理智。情感是一回事，理智是另一回事。上帝为什么允许罪恶存在？斯温伯恩认为，这是理智的问题，不是情感的问题。我觉得，伊凡的态度值得我们深思。人世间的罪恶有两种可能的解释：无神论的解释和有神论的解释。无神论认为，上帝不存在，人可以为所欲为。他可以作恶，也可以创造一个上帝。罪恶为什么存在？因为人选择作恶。无神论的解释到此为止。有神论认为，上帝存在，人不能为所欲为。他应该行善，绝不能作恶。但是罪恶存在。这是为什么？神正论就是要回答这个问题。

上帝的逻辑桎梏

首先，斯温伯恩简要地梳理了历史上出现的三种神正论。第一种理论认为，罪恶起源于人的原罪，这是上帝对原罪的惩罚。斯温伯恩认为，这种理论虽然能够解释某些自然灾害，却不能解释婴儿或动物的苦难。罪恶的意思是明知故犯。那个刚满 8 岁的农奴男孩，何罪之有？惨遭森林大火吞噬的小鹿，何罪之有？无罪却受罚，是说不过去的。因此斯温伯恩说，原罪理论没有说服力。第二种理论认为，上帝把所有人的幸福绑在一起，这些人犯了罪，那些人也要接受惩罚。亚当和夏娃犯了罪，其后代也要跟着受罪。罪恶起源于祖先。斯温伯恩认为，这种解释同样没有说服力，因为人类出现以前，动物早已存在了，它们何罪之有？第三种理论认为，自然灾害起源于魔鬼。对无神论者来说，上帝和魔鬼都是虚构，用一个不存在的东西来证明另一个不存在的东西，毫无意义。斯温伯恩显然看到了这种关系，所以他说，魔鬼的存在值得怀疑。这种理论同样不能成立。

斯温伯恩的神正论是传统的自由意志论。他不是照搬传统，而是有所继承、有所抛弃，正所谓“旧瓶装新酒”。传统是“旧瓶”，它基本正确，但缺乏清晰性和准确性。在新的历史时期，传统需要新的解释。“新酒”即新解释、新思想、新内容。4 世纪的基督徒大思想家奥古斯丁是自由意志论传统的重要代表。奥古斯丁认为，罪恶起源于人的自由。人误用自由，堕入罪恶的深渊。上帝创造人，并赋予他选择善恶的自由。人选择了恶，世界上便有了罪恶。服从或不服从上帝，是人的自由。这里我们必须注意，奥古斯丁所谓“意志自由”是有条件的。他认为，我们有作恶的自由，却没有行善的自由。行善不是我们自由选择的结果，而是上帝的恩典。简言之，我们的自由是有限的，我们并非真的自由。斯温伯恩不同意这种观点。他认为，这不是多数神学家所理解的自由。奥古斯丁用自由意志来解释道德罪恶，这个方向是正确的，这个传统影响深远。这是他的巨大贡献。但是他对自由的解释是有问题的。奥古斯丁所谓“自由”，并非真正的自由。斯温伯恩认为，教父时期的神学家、东正教神学家以及多数天主教神学家，都没有采纳奥古斯丁的自由概念。根据斯温伯恩的理解，“自由”的意思是，我想做什么，就能做什么。我想唱歌，我就高歌一曲；我想散步，我就停止工作，来到草坪上，轻松漫步。人有作恶的自由，却没有行善的自由，这是自相矛盾。奥古斯丁说，美德是上帝的恩典。既然如此，我的美德就不是我的选择，而是上帝的选择。我们不禁要问：为什么上帝能让我们选择善，却不能让我们躲避恶呢？

斯温伯恩的自由意志理论克服了奥古斯丁的这种缺陷。斯温伯恩认为，对人来说，自由意志是一大善事，不自由是一大恶事。自由的意思是，我们能做自由而负责任的选择。自由意味着我们可以选择善，也可以选择恶。选择善是道德，选择恶是不道德。自由是上帝给人类的重要恩典。因为有自由，我们能对自己、对我们周围的人以及未来世界产生重要影响。斯温伯恩说，由此看来，这个世界显然是上帝创造的。但是我们必须明白这样一个道理：上帝给我们自由，却又保证说，我们不会滥用自由，从逻辑上说，这是不可能的。简言之，自由与自由的滥用结伴而行，前者蕴含着后者。

这是斯温伯恩神正论思想的核心，需要仔细分析。自由意味着选择善或选择恶。很多读者知道孔融让梨的故事。孔融可以把大梨留给自己，也可以让给哥哥，这是他的自由。让梨是他的自由选择，所以人们称赞他，说他小小年纪，就懂得谦恭敬让。假如让梨不是他的自由选择，而是父母的要求，他别无选择，那么人们是不会称赞他的。善行是我们的自由选择，恶行也是我们的自由选择。唯因如此，我们做了好事就会得到称赞，做了坏事就会受到批评。行善与作恶取决于我们。我们是行为主体，必须对我们的行为负责。从斯温伯恩的角度看，这个道理同样适用于上帝与人。我们是自由的，因此我们应该而且必须对自己的行为负责。不道德和罪恶是我们的选择，与上帝无关。读者也许会问：既然上帝是全能、全知和全善的，他就有能力、知识和善心，把我们创造得只能行善，不能作恶；他为什么不这样做呢？斯温伯恩回答说，自由是上帝赐予我们的礼物，弥足珍贵，可谓善莫大焉。上帝不可能既给我们自由，又让我们只行善，不作恶。斯温伯恩称这种不可能性为“逻辑桎梏”。他的例子简明易懂。他说，上帝想把所有的好东西都给我们，把所有的坏东西都清除出去。不幸的是，他无法做到这一点。他是全能、全知和全善的，却不可能做“逻辑上不可能的事情”。

一夫一妻制是我们公认的法律制度，按照这种制度，约翰只能娶玛丽或安妮为妻。对约翰来说，和玛丽结为夫妻是幸福的，和安妮结为夫妻同样是幸福的。在这种情况下，选择玛丽，就会伤害安妮；选择安妮，就会伤害玛丽。约翰的选择不可能两全其美。“不可能”的意思是，其他选择是不存在的。再举一例，我幸运地获得一笔奖学金，可以去美国或澳大利亚的一所大学访问三个月。我既想去美国，又想去澳大利亚。但是我只能选择一个。对我来说，去美国是一件好事，去澳大利亚也是一件好事。无奈，鱼和熊掌不可兼得。斯温伯恩所谓“逻辑桎梏”就是这个意思。“逻辑桎梏”即“逻辑限制”。读者也许会问：万能的上帝还要受逻辑的限制？回答是肯定的。但是我们必须明白，“逻辑限制或逻辑桎梏”究竟是什么。斯温伯恩在多部著作中多次讲解这个问题。他说，逻辑上的不可能性是一个语言问题。我们错误地使用语言，我们的语言不合逻辑，逻辑上的不可能性就是在这种情况下出现的。我们来看逻辑上的不可能性的一些例子：让一个自由人总是作出正确选择，让学生们画一个既是正方形又是圆形的图案，让你在某一时间既在北京又在巴黎，等等。斯温伯恩说，逻辑上的不可能性不是一件难事，难得连上帝都无能为力，而是一种自相矛盾的描述，它根本没有描述任何事情。自由就是没有任何限制，可以这样做，也可以那样做。自由而必须这样做，不能那样做，是一种不可能的状态。因为这是一种既自由又不自由的状态。谁也不知道这是一种什么状态。我们知道什么是自由，什么是不自由，但不知道什么是既自由又不自由。简言之，不能做逻辑上不可能的事情，不是一种缺陷。因此，上帝给人自由，就不能阻止他作恶。这不是上帝的过错。

锻造高尚灵魂的山谷

道德罪恶起源于人的罪恶选择，不是起源于上帝。我们不禁要问：上帝为什么给人自由？我们知道，没有自由，便没有罪恶。上帝能否少给我们一些自由，以减少人世间的苦难呢？回想伊凡的控诉与怨恨，基督徒思想家说，不受罪，无以知善恶。问题是，知善恶的代价实在太大了，值不值？斯温伯恩的回答是肯定的。他认为，有限的自由意味着有限的责任。以此类推，无限的自由意味着无限的责任。何谓“有限的自由与有限的责任”？有限的自由即有条件的自由。假如我们只能行善，不能作恶。在这样的世界上，我们不用担心自己的财物被盗，不用挂念远方的亲人，不用努力学习，不用关心孩子的教育，不用孝敬父母。因为只有好人，没有坏人；只有好事，没有坏事。没有了盗贼，也就没有了警察；没有了警察，也就没有了警察的崇高品质——伸张正义、维护治安、打击犯罪。不挂念远方的亲人，世间亲情就会越来越淡。不努力学习，我们就会变得越来越无知，因为世界在变，我们的知识却原地踏步。不关心孩子的教育，我们就会变得不像父母，没有责任心，没有爱心。不孝敬父母，我们就会变得冷酷无情，不懂得感恩，不知道回报。很难想象，一个连自己的老人小孩都不爱的人，会爱这个社会、这个国家乃至这个世界。谁会喜欢这样的世界呢？在这个只有善行、没有恶行的世界上，罪恶消失了。问题是，随着罪恶的消失，道德也消失了。因此斯温伯恩认为，慷慨的上帝不可能赋予人类有限的自由和有限的责任。

英语中有这样一句谚语：天助自助者。“天”即上帝。这句话的意思是，人要自力更生，自强不息，不要依赖别人。道德罪恶是一种客观存在，我们应该正视它、理解它、限制它。关启文教授对当代思想的描述值得我们深思。他说我们的社会沉迷于享乐主义，我们的生活以“增加快感、排除痛苦”为目的；快感是唯一的善，痛苦是唯一的恶。大部分基督徒也不能免俗。其实，享乐主义者的世界就是上一段描述过的那个只有善、没有恶的世界。享乐主义者不喜欢恶，他没有认识到，恶有恶的用处。斯温伯恩认为，我们可以从三个方面来认识恶的重要意义。首先，恶是我们知善、行善的必要条件。没有恶，也就没有善。只有无节制的生活，如暴饮暴食，才能使我们认识到，无节制是一种恶，节制才是善。只有被人欺骗，我们才能体验上当受骗的感觉；只有这种感觉才能使我们真切地认识诚实的可贵。疾病是一种恶，但是只有通过生病，我们才能体验生病的痛苦，才能理解什么是软弱，什么是坚强。只有当我们的利益与别人的利益发生冲突时，我们才能理解什么是自私，什么是无私，什么是公而忘私，什么是假公济私。“天助自助者”的意思也是如此。斯温伯恩解释说，如果人一有难，上帝便来救助，谁还会照顾那些受难者？这样一来，同情、互助友爱、扶危济困等重要美德，就会消失。这就是上帝要人自助的原因。

当代著名宗教哲学家约翰·希克认为，世界不是我们享乐的天堂，而是锻造高贵灵魂的山谷。只有付出代价，才能锻造高贵的灵魂。读者也许会问：要做好人，必须先做坏人。是这样吗？未必尽然。古人云：开卷有益。通过读书，我们可以学到很多知识。这些知识都是别人或前人的经验。别人的经验可以武装我们的思想。这样，我们就能从容应对各种困难，明辨善恶。斯温伯恩还专门引述亚里士多德的名言，以证明教育能够培育某些优秀品质。亚里士多德认为，“正义的行为使我们成为正义的人，谨慎的行为使我们成为谨慎的人，勇敢的行为使我们成为勇敢的人。”正义的人能够克服邪恶的欲念而选择正义，谨慎的人能够克制鲁莽的冲动而保持谨慎，勇敢的人能够战胜怯懦而面对敌人。善的意思是，明辨善恶、克服恶念而选择善。

其次，恶能让我们更深地理解善。斯温伯恩讲述了“施比受更有福”的故事，发人深思。乞讨似乎是一个普遍现象，古今中外，都有一些关于乞丐的故事。我们通常认为，乞丐来到我们家门口，讨得一些吃的、穿的、用的，这是他的福分，因为我们有爱心，我们同情他们的悲惨遭遇。如果我们冷酷无情，乞丐就会空手而归。这种理解固然不错，但是基督教的解释很有特色，它强调我们，即施舍者的福分。斯温伯恩的分析是，施舍者有福，不仅因为我们富有，能够接济穷人，而且因为我们能够帮助这个乞丐，给他温暖，这是我们享有的恩典。这种恩典要比金钱珍贵许多。他的意思是，从基督教有神论的角度看，施与受都是上帝的安排。没有这种安排，我们就无缘行善，就不能激发和培育我们内心深处的互助友爱精神，就不会活得更有意义。恩典的意义在于，上帝让我们帮助这个乞丐，因此我们能够获得更多的荣耀与尊严。斯温伯恩还表达了一种我们比较熟悉的思想：为国捐躯者是特别有福的，即使这种恩典是强加于他的。为什么？因为他们活出了生命的意义和尊严。他们是正义的维护者，和平的守卫者。小而言之，施舍钱财、献出生命是一件坏事；大而言之，它们都是好事，都有深意。

最后，上帝有权利让我们受苦。我们知道，趋利避害、趋乐避苦是人的本性。我没有权利让你为我受苦，你也没有权利让我为你受苦。因为我们互不相识。我不能为你偿还债务，你也不能为我偿还债务。假如你和我是亲兄弟，情况就会大不相同。你今年参加高考，我不参加，所以父亲让我和他分担你的那份劳务。春耕秋收，我为你受了不少苦。你和我都认为，父亲的安排是合理的，他有权利让我为你做一些事情。我们知道，全家一盘棋，一如全国一盘棋。父亲的权利从何而来？小而言之，父亲养育了我们。没有他的养育，我们就不能顺利成长。他的付出换来我们的回报：我们深信，他有权利让我们经受一些苦难，以实现某个崇高的目标。父亲是人，上帝是神。与父亲相比，上帝更有理由把我们用于某个崇高目标。斯温伯恩解释说，上帝是所有人的恩人，因此他有权利让他们受苦。我们知道，人与上帝很不相同。我是否愿意承担哥哥的劳务，父亲可以问我，我也可以找他谈。上帝就不同了，在创造宇宙之前，世界上空无一物，上帝必须为人类选择一个世界，以便我们生存。因此斯温伯恩认为，生命是一份赠礼、一种恩典，虽然苦难会接踵而来。

综上所述，斯温伯恩指出，生命与自由是上帝的赠礼。生命意味着喜乐、平安或痛苦、危险与死亡，自由意味着道德与不道德、尽责与不尽责。上帝为人类创造了一个有危险的世界，在这个世界上，一些人必须为另一些人的幸福而承受苦难。很多基督徒思想家赞同这种观点。美国哲学家威廉·哈斯克认为，上帝是一个冒险家，因为他赋予我们自由。他不可能既给我们自由，又不承担任何风险。香港学者关启文的解释很符合我们中国读者的阅读习惯。他认为，上帝允许罪恶和苦难存在，必有其深意。总有一天，他会让所有受难者明白，他们遭受的苦难是有意义的。他很重视伊凡的控诉，在他看来，伊凡的推论有问题。伊凡说，有些苦难是不可补偿的。想想那个被狗撕碎的 8 岁男孩，那个被挑在刺刀上的婴儿，谁能补偿他们？他们已经死了，补偿有何意义？关启文说，我们必须区分以下两个不同观念：1. 这些苦难是不可补偿的；2. 我们不知道这些苦难如何才能得到补偿。他认为，前者是伊凡的观点，一种错误的理解。我们与上帝不同，我们不知道如何才能补偿这些苦难，但是我们不能说，上帝也不知道或没有能力补偿。我们现在不懂的问题，以后也许能懂。二才是一的真义。关启文的回答立足于其基督教信仰。信仰不同，回答自然不同。道德罪恶是一种普遍现象，基督徒思想家对这一问题的思考，或许具有借鉴意义。

三、自然灾害

我们都经历过或听说过某些天灾人祸。用本章的术语说，“人祸”是道德罪恶，“天灾”是自然灾害。人祸是人为的、故意的，目标明确。天灾是自然的，没有意图或目的。欺骗、背叛、谋杀、放火、虐待是道德罪恶，地震、海啸、洪灾、旱灾、疾病、暴风雪是自然灾害。这是英语的说法，汉语就不同了。在汉语中，地震、海啸、洪涝、暴风雪是自然灾害，但是我们通常不说生病是自然灾害。我们说，生老病死是自然现象。这是语言上的差异。语言有自己的生命力。艺术家有时会改变人们使用语言的规则，以增强语言的感染力。小品演员会说，人长得矮是自然灾害，长得丑也是自然灾害。在残酷的求职竞争中，我们常常听到这样一些无奈的抱怨：谁叫我们是女生呢？根据斯温伯恩的定义，只要不是人为的苦难，均可划归自然灾害之列。

自然灾害都是一些坏事。如果基督徒的上帝是全能的，他就有能力阻止这些坏事；如果他是全知的，他一定知道如何防止这些灾害；如果他是全善的，他一定会阻止这些灾难。《圣经》说，人最像上帝，是上帝最宠爱的；一个全能、全知、全善的上帝，怎么会眼睁睁地看着自己的宠儿受苦受难呢？如果说道德罪恶起源于人的自由，是人滥用了自由，那么自然灾害又作何解释？这里可没有自由，这可不是人类自由选择的结果！上帝为什么不给我们创造一个风调雨顺、万事如意的世界？他为什么让这个地方山清水秀，那个地方漫天黄沙呢？这是无神论者的问题，也是许多读者的问题。西方的无神论者认为，自然灾害是人们否认上帝存在的重要理由。

自然灾害旨在让我们更聪明、更善良

斯温伯恩对自然灾害的解释与他对道德罪恶的解释有相似之处，也有不同之处。我们可以把他对自然灾害的论述，概括为一句话：自然灾害旨在让我们变得更聪明、更善良。用学术语言说，自然灾害是人类提高知识水平和道德水平的必要条件。没有自然灾害，人类就不能提高他们的知识水平和道德水平。

我们先来看自然灾害与道德的关系。如上所述，有些神学家认为，自然灾害是上帝对道德罪恶的惩罚。斯温伯恩不赞同这种观点，因为它不能解释婴儿和动物的苦难。婴儿和动物是无辜的，他们（它们）没有任何道德罪恶，为什么婴儿会有各种各样的先天缺陷呢？为什么动物会染上各种各样的疾病呢？他们（它们）可没有故意作恶。道德罪恶的主要特征是故意作恶。天真无邪的婴儿何罪之有？动物何罪之有？顺着斯温伯恩的思路，我们可以说，这种理论还有以下缺陷。首先，自然灾害是对所有人的惩罚，不是专门针对坏人，这有失公允。好人坏人一样受罚，对好人来说，这是不公平的。尽管人都有作恶的倾向，但是我们不能说，人都是坏人。东条英机是坏人，特蕾莎修女是好人，这是大家公认的。如果说前者和后者没有区别，都是坏人，别人就不会理解我们的意思，因为我们混淆了好人与坏人。其次，如果自然灾害是上帝对道德罪恶的惩罚，上帝就会经常干预人类事务，这样，人的自由和责任就会被削弱，人的道德境界就会受到限制。一干坏事，上帝就降下灾祸；一说谎，上帝就把说谎者变成哑巴，谁还敢做坏事？谁还敢说谎？如果无人说谎，诚实守信就不会是一种美德。诚实守信者之所以值得赞誉，是因为他们能够抵抗说谎的诱惑，能说谎却不说谎。我们总是称赞好的选择，谴责坏的选择。舆论的谴责也是一种惩罚。它能在一定程度上促使作恶者悔改。如果上帝用自然灾害来惩罚人类的道德罪恶，人类就会丧失认识错误、改正错误的机会，人的认识能力和道德水平就不会发展。最后，用自然灾害来惩罚道德罪恶，有损于上帝的全善。基督徒认为，上帝是尽善尽美的，只行善，不作恶。斯温伯恩多次指出，上帝不是不能作恶，而是回避恶而选择善。我们很难想象，一个全善的上帝会通过印度洋海啸，夺走约三十万人的生命。谁敢说，这三十万人都是坏人，应该受罚？也许是由于上述原因，斯温伯恩没有采纳自然灾害乃上帝对道德罪恶之惩罚的理论。

斯温伯恩认为，自然灾害是我们提高道德水平的必要条件。这一点很像希克所谓“造灵谷”，在解释道德罪恶时，他也使用了这个观点。“造灵谷”的说法富有诗意，斯温伯恩没有使用这种表述，却表达了类似的思想。他说，我们不可能选择我们将要进入的那个世界。上帝造人时，他已经替我们做了一种勇敢的选择，让我们降生在一个危险的世界，因此我们不得不为了他人而承受一定的苦难。这种阐述听起来很像存在主义。存在主义者认为，我们不能选择自己的生存，我们是被父母“抛”到这个世界上来的。生存是我们必须承受的一种负担。斯温伯恩是乐观主义者，存在主义者却不乐观。斯温伯恩承认，世界上存在着危险。天灾人祸都是危险。但是他相信，危险与苦难是有意义的。自然灾害固然不是好事，然而它为人类提供了展示道德品质的舞台，我们可以在这里与我们的同伴沟通心灵。面对突如其来的特大雨雪冰冻灾害，我们可以积极迎战，可以等待、旁观，也可以离开灾区到其他地方避难。三种选择意味着三种态度，三种态度代表了三种道德境界。假如灾害天气已经持续了一段时间，灾情已经发生，而且在不断发展；假如你正值壮年，身体健康，积极投身于抗灾救灾工作，你就会成为英雄，你就有机会展示自己的勇敢、顽强、坚定和力量，你就能实现自己所倡导的回报社会、服务大众的人生理想。这是一种公而忘私的崇高境界。假如你作了第二种选择，不是积极抗灾，而是等待观望，相信灾害性天气很快就会过去，灾害的影响不会像媒体宣传的那么大，你就不会加入抗灾救灾的行列，你就没有机会展示自己的品质，你就无法实现你曾写在纸上或挂在嘴边的那些理想。这是一种袖手旁观的平庸境界。假如你作了第三种选择，明知灾情严重，却不参加抗灾救灾，而是想方设法离开灾区，到一座没有受灾的城市享受太平生活，即使你懂得很多，即使你讲得很好，你也不会有机会展示那些好的品质。这是一种临阵脱逃的自私境界。由此可见，自然灾害是我们提高道德水平的条件。没有这种条件，我们就没有机会展示自己的思想品质。这就是“造灵谷”的含义。

斯温伯恩对自然灾害的解释，与他对道德罪恶的解释类似。有自然灾害和道德罪恶，才有不同的道德境界。我们也许会问：上帝就不能创造一个没有自然灾害的世界？斯温伯恩说，我们当然可以设想一个没有天灾的世界：这是一个没有痛苦的世界，从未发生过疾病、地震、车祸、暴风雪、洪涝灾害。人们过着安乐祥和的日子。可是，没有癌症病人的巨大痛苦，就不会有病人的坚强意志，也不会有其他人的同情、友爱、关怀和鼓励。我们与机器人相差无几。我们的自由或选择权极为有限，因此我们的义务也极为有限。我们既不能影响别人，也不能改变自己。谁会喜欢这样一个世界？基督徒认为，有机会展示某些崇高品质，是一种恩典。我们说，时势造英雄；基督徒补充说，上帝造时势。从基督徒的角度看，上帝既创造时势，又创造英雄。这就是恩典的含义。

自然灾害是提高知识水平的必要条件

斯温伯恩认为，自然灾害还是我们提高知识水平的必要条件。没有自然灾害，我们就不会去探求知识，扩大知识面。什么是知识？知识是人们对事物的正确认识。事物皆有规律，知识就是事物存在和变化的规律。播种前，农民会把种子放在水里浸泡，即所谓"浸种"。浸种能使种子从休眠状态进入萌发状态，加速种皮软化，缩短出苗时间，对作物的发芽、成秧和生长发育起着重要作用。掌握了浸种技术，农民就能多打粮食，我们就会有足够的食物。反之，没有这种知识，我们可能挨饿。我们是如何获得知识的？是通过归纳推理。斯温伯恩解释说，由已知求未知，由过去推未来，是归纳推理的主要特点。过去如此，将来很可能也是如此，这就是归纳。我多次经过天安门广场，多次看到天安门城楼，因此我敢说，下次经过那里时，我还能看到天安门城楼。

斯温伯恩是经验主义者，他认为，知识来源于经验。越接近经验，知识的可靠性就越高。举例来说，假如我平时能喝半瓶 53 度的二锅头，这次却喝了一瓶，我当然知道，随后会发生什么。经验是最好的老师。直接经验能为我提供最可靠的知识。醉酒的经验告诉我，醉酒之后，不能开车。如果我不沾酒，我照样能知道醉酒的感觉，但不是通过直接经验，而是通过间接经验，即别人的经验。我亲眼看见或亲耳听到，醉酒之后，人们的行为会发生哪些变化。间接经验当然不像直接经验那样可靠，却也是我们获得知识的一个重要途径。许多事物是我们无法直接经验的。借用斯温伯恩的例子，长期大剂量吸食海洛因，会导致死亡，这是正常人无法亲身体验的。在这种情况下，最可靠的知识是，我亲眼看到许多吸食者先后死去。比较而言，如果我对海洛因的认识来自电视节目，其可靠性就会有所下降。但是无论如何，没有经验，就没有知识；没有知识，就没有做好事或坏事的方法。要想帮人，我们就得有帮人的办法；要想害人，我们也得有害人的办法。办法即知识，知识即经验。

读者也许会问：上帝就不能把自然知识直接启示给我们？我们知道，链霉素是治疗肺结核的特效药。发明链霉素之前，肺结核还是不治之症。为了认识这种疾病，为了找到对付这种疾病的特效药链霉素，许多人必须患上肺结核，然后痛苦地死去。没有这种痛苦的经验，人们就不会认识和治疗这种疾病。这是斯温伯恩的解释。无神论者的问题是：我们求知的代价实在太大了，不值得。为了获得某些知识，我们必须承受巨大的痛苦和灾难，值得吗？人类对森林大火的防范意识，来自真实的森林大火。先有森林大火及其严重后果（一些无辜的生命葬身火海，环境污染问题，生态平衡问题，林业经济问题，林业工人的生活问题，等等），才会有森林防火意识。难道上帝不能经常在我们耳边悄悄告诉我们，森林大火会产生严重后果，肺结核会传染，会导致死亡吗？斯温伯恩回答说，当然可以。问题是：如果上帝把事物之间的因果关系直接告诉我们，知识就变得唾手可得，我们就不会开展科学研究。人们不再有探求真理的动力了，因为他们知道，一有困难，上帝准会出现。斯温伯恩解释说，自然灾害是有意义的。灾害的发生为我们认识自然规律、开展科学研究，提供了契机。沙尘暴固然是坏事，但也有好的一面。它不仅告诉我们，保护环境十分重要，而且促使我们开展科学研究，重新思考人与自然的关系，积极探索环境保护与可持续发展的最佳途径。自然灾害也是自然规律的一种表现。在我们把握沙尘暴的发生规律之前，它对我们来说是一种灾害性天气。在我们把握了它的发生规律之后，它就会受到控制，久而久之，它的不利影响就会变得越来越小。因为我们知道应对的方法。简言之，自然灾害是我们获得新知、提高认识能力的必要条件。很多人承认，智慧是一种美德。自然灾害则是培养这种美德的必要条件。根据斯温伯恩的论述，这是自然灾害的用处。希克说，道德罪恶是锻造灵魂的山谷。模仿这种说法，我们可以说，自然灾害是“锻造智慧的山谷”。行走在这个山谷间，我们会历练得越来越智慧。

“吃一堑长一智”的道理不仅适用于人类，而且适用于高等动物。斯温伯恩认为，用来阐述人类苦难的神正论，从某种意义上说，同样适用于动物。动物不仅有满足本能的需求，还有其他更高的追求。它们不辞辛劳地修建巢穴，养育后代，寻找栖息地，引开捕猎者。所有这些都包含着痛苦与危险。

哲学家们谈得比较多的一个事例是，一只小鹿被困在森林大火中，最后被活活烧死。无神论者说，如果上帝的能力是无限的，又是完全仁慈的，他就没有理由让这只可爱而无辜的小鹿葬身火海。小鹿的死证明，上帝既不是全能的，也不是全善的，因此基督徒的上帝是不存在的。基督徒思想家的辩护是，小鹿的死与上帝的存在并不矛盾。他们说，人类不知道，小鹿为什么被困在熊熊烈火中，缓慢而痛苦地死去，但是上帝知道。上帝的知识远远多于人类的知识。上帝掌握着人类的知识，但是人类无法揣度上帝的知识，仿佛大学一年级的学生掌握着小学一年级的知识，小学一年级的学生却无法揣度大学一年级学生的知识。上帝为什么让这只小鹿困死火海？有的基督徒思想家比较谨慎，他们避而不答。他们只想反驳无神论者的主张：小鹿的死与上帝的存在是矛盾的。这就是所谓“辩护”。与此不同的是一种比较积极的态度。有的基督徒思想家认为，我们要尽可能地理解上帝的用意，说明他之所以允许自然灾害（如“小鹿被烧死”）和道德罪恶存在的理由。这就是所谓“神正论”。斯温伯恩思想的一大特色是综合。他既要辩护，又要阐释。他认为，动物遭受的那些苦难是有意义的。小鹿被烧死在森林大火中，这个危险的事实给其他动物提供了几种有益的选择：1. 遇到火情，赶快逃生；2. 遇到火情，首先不是逃生，而是拯救自己的后代；3. 遇到火情，不仅要拯救自己的后代，而且要拯救同伴。动物与人类不同，但是我们不能因此而否认，它们的某些行为是有价值的。斯温伯恩以赞美的口气，不无感慨地说，动物养育后代，而不是只顾自己；它们不停地探索，尽管它们知道，探索会遇到危险；它们勇于从捕猎者那里拯救彼此的生命。这些了不起的举动，使动物的生命有了价值。从某种意义上说，苦难不仅为动物提供了知识，而且锻炼了它们的勇气，培育了它们的牺牲精神。

四、苦难的数量问题

斯温伯恩关于道德罪恶、自然灾害以及动物苦难的神正论，清楚地阐述了上帝之所以允许各种灾难存在的理由。在此基础上，他又考察了一个重要问题：上帝与苦难的数量问题。很多中国读者都知道质量互变规律。该规律说，事物有本质和数量两个方面，本质是事物的主要方面，数量是次要方面。在一定范围内，数量的变化不会影响事物的本质；如果超越了这个范围，数量的变化就会影响事物的本质。这就是我们通常所谓“量变引起质变”的哲学规律。举例来说，我们通常认为，水、冰、水蒸气是三种不同的物质，“不同”是就其物理性质而言。当温度低于0摄氏度时，水就会变成冰。0摄氏度是量变引起质变的界限。低于0摄氏度的水不再是液体，而成为固体；高于0摄氏度、低于100摄氏度的水，是我们通常所谓的水。在0~100摄氏度之间，温度的变化不会影响水的物理性质。就是说，在这个范围内，无论温度如何变化，水还是水。这种解释同样适用于冰。

质量互变规律是黑格尔辩证法的一个重要规律。马克思主义为它提供了唯物主义的基础，把它改造为辩证唯物主义的一个重要规律。这个规律告诉我们，量变不是没有意义，而是一个逐步积累的过程；积累到一定程度，量变就会引起质变，一种事物就会变成另一种事物。也许是由于这个原因，斯温伯恩说，数量问题是苦难问题的关键；有神论的真正威胁不是苦难的存在，而是苦难的数量。他说，人类经历的苦难实在是太多了。充满苦难的一生不可能是幸福的。很多人会说，我们生活在一个痛苦的世界。屠杀无辜婴儿和小鹿被大火烧死，是典型例证。它们何罪之有？对它们来说，生命意味着苦难。苦难越多，上帝存在的可能性就越小。这是无神论对有神论的批判。

斯温伯恩是如何回应这种批判的？他首先承认，苦难与个人经历有关。他自己未曾遭受严重的苦难，因此他可能体会不到某些天灾人祸带给人类的巨大痛苦。其实，这一点不仅适用于斯温伯恩，而且适用于很多人。我们谈论苦难，却不一定经历过严重的苦难。尽管如此，我们完全可以思考别人的苦难，以加深我们对人生和世界的理解。其次，斯温伯恩认为，数量问题是道德讨论的一大难题，因为好与坏、善与恶的数量是不确定的。事件的好坏取决于我们的认识，而我们的认识不是一成不变的。我们的认识变了，善与恶的数量也会发生变化。因此，苦难的数量问题具有一定的模糊性。最后，斯温伯恩认为，尽管善恶的数量具有不确定性，我们还是可以进行一番比较，得出某种结论。他以柏拉图的一句名言为出发点。在《高尔吉亚》这篇对话中，柏拉图假借苏格拉底之口说，害人比受害更坏。反过来说，宁愿受害，切勿害人。我们都知道害人与受害的不同。害人是明知故犯，受害则是无可奈何的被动接受。受害固然是坏事，但是害人比受害更坏。因为害人者有害人之心，受害者却无害人之心。斯温伯恩的话题是受害，天灾人祸都是害。他的主导思想可以归结为一句话：生命是上帝的恩典。其言外之意是，有生命才有意识，有意识才有善与恶、幸福与痛苦。对人类来说，生命是最重要的善事，罪恶与苦难都是生命的衍生物。他举例说，假如你有一台神奇的机器，只要按一下按钮，它就能让你处于无意识状态，使你摆脱一切痛苦和烦恼。其他人不可能知道这个秘密。斯温伯恩问道：你会经常按这个按钮吗？当然不会。因为我们珍惜生命。生命的意思是有意识，能够体验这个世界。无意识等于无生命。无生命等于无痛苦。无痛苦固然好，但是这种状态的代价是无生命。谁愿意付出这种代价呢？撇开宗教，单从哲学的角度看，生命同样是一重大善事。这种善大于随之而来的恶。唯因如此，即使身处逆境，我们依然热爱生命。这是善大于恶的第一种含义。

善大于恶的第二种含义可以从恶的用途或服务他人来理解。如上所述，恶有恶的用途，它在带来苦难的同时，也给我们提供了战胜苦难的机会。斯温伯恩在不同场合使用过这样两个例子：被森林大火围困的小鹿和生命对他人的影响。无辜的小鹿葬身火海，对它来说，这是灭顶之灾。但是斯温伯恩认为，对它的同伴乃至其他动物来说，这却是一件好事，它们可以从中学习，吃一堑长一智。为其他动物而死，是这只小鹿的光荣。它的死能让其他动物活得更好。虽然它不这么认为，或者根本认识不到这一点，但这并不影响它的死所具有的价值。它的生命是有意义的。它没有白死。对它来说，死是一件坏事；对其他动物来说，这既是一件坏事，也是一件好事。

人和动物有相似之处。斯温伯恩说，假如你是一位妙龄女郎，生活在另一个世界。这个世界上的人只有很短的寿命，你也不例外。假如你只能活三年。摆在你面前的，是两种截然不同的生活。一种是极度快乐的生活，像海洛因给人的感觉那样。只有你能体验到这种快乐。你的生活不会对世界产生任何影响。另一种生活是既有痛苦，又有快乐，像分娩带给女人的痛苦。但是你会创造一个新的生命。没有你的痛苦，新生命就不会降临。你经历了痛苦，却收获了快乐。不仅你感到快乐，新生命也感到快乐。你的生命和快乐在新的生命中延续。你影响了这个世界。你将如何选择？你当然会选择一种在你看来是最好的生活，那便是第二种生活，因为它比第一种生活更有意义。

基督教强调服务社会。服务社会就是我们通常所谓为人民服务。帮助他人、扶危济困，既是西方人或基督徒心目中的美德，也是我们中国人心目中的美德。帮助别人是一种付出。我们要付出精力、金钱和时间，来帮助那些遇到困难的人。从表面看，付出是一种损失。过街天桥上有一位上了年纪的盲人乐师，正在拉二胡。这可能是他的谋生手段。我给了他五元钱。对我来说，这是一种损失，因为我钱包里少了五元钱。但是基督徒不这么看。圣保罗援引耶稣基督的话说，“施比受更为有福”。此前，我们阐述过斯温伯恩对这句话的解释。这里重弹老调，是为了说明基督教文化对服务他人这种美德的高度重视。

基督徒认为，人的伟大之处恰恰在于，他能够服务社会。《新约》记载着耶稣为其门徒洗脚的故事，意思是说，服务他人是一种高贵品质。在基督徒看来，我帮助那位盲人乐师，是他的福分，更是我的福分。由于他的出现，我才能表达自己的爱心。服务他人的最极端例证是耶稣被钉十字架。基督徒认为，耶稣基督的苦难和死亡是他的光荣。为人类而死是他的荣耀。简单地说，服务他人就是做对他人有用的事情。如果我能做对他人有用的事情，我就是一个对社会有用的人。人生的意义之一就在这里。反之，不做或不能做对他人有用的事情，人生就会暗淡无光。这也许是斯温伯恩强调“有用”的主要原因。世俗思想和宗教思想都能接受这种观点。

斯温伯恩认为，基督教思想与世俗思想的最大区别在于，前者认为，天灾人祸终将消失；后者认为，这是不可能的。回顾历史，欧洲16世纪宗教改革前的基督教或宗教改革后的新教都认为，世界上存在着苦难，但是苦难的世界不是永恒的，而是暂时的。总有一天，创世主会结束这种危险的试验。神的时间不同于人的时间，因此，人不可能完全理解神的安排。斯温伯恩提出的例证是《新约》所谓耶稣治病的故事。对人类来说，很多疾病都是疑难杂症，无法治愈。但是对上帝（基督徒认为，耶稣基督是上帝的化身）来说，没有治不了的病，因为他是全知全能的，既知道病的由来，又有能力治疗。无须任何技能或设备，耶稣就能使盲人重见光明，使疯子恢复正常，使死人复活。疾病之所以存在，就是为了展示耶稣的身份与威力。这个目的达到了，疾病也就消失了。换言之，天灾有其尽头。这个道理也适用于人祸。斯温伯恩解释说，长期以来，基督徒一直坚信，现世人生（或其他生命）是暂时的，现世的目标指向来世。来世是一个美妙的世界，没有痛苦，没有死亡，是天堂。天堂是永恒的。基督教所谓恶有尽头的思想，与其所谓世界是上帝设计的思想是一致的。恶的用处在于展示善。一旦实现了这个目标，恶就会消失。由此看来，我们不难理解斯温伯恩所谓善大于恶的主张。从他的角度看，这不是一个恶的世界，善终将取胜。这是斯温伯恩对天灾人祸的神学阐释。我们知道，神学不同于哲学之处在于，前者适用于宗教信徒，后者既适用于无神论者，又适用于宗教信徒。

我要重申此前的一个观点：道德罪恶和自然灾害是普遍现象，古今中外屡见不鲜。基督徒思想家对这个问题的思考，有助于我们理解和应对那些摆在我们面前的困难和问题。

第 6 章

奇迹、启示以及宗教经验

“奇迹”有时译作“神迹”。本章采用前一种说法，因为“奇迹”既能传达基督徒的思想，又便于无神论者理解。它比“神迹”更简明易懂。从无神论的角度看，奇迹是不存在的，自然规律是事物的最终解释。与此相反，有神论认为，奇迹是存在的，自然规律不是事物的最终解释；万物来自上帝，他是万物的主宰。读者一定很想知道，西方基督徒究竟是如何理解奇迹的，他们的所谓奇迹究竟是什么。基督教哲学的中心思想就是从哲学上阐释基督教的基本教义。因此在神学哲学中，除了上帝的存在，一切都是可以解释的，奇迹也不例外。这个道理同样适用于启示与宗教经验。对于无神论者来说，启示与宗教经验纯属无稽之谈。无神论不承认神的存在，既然无神，自然也就无启示或宗教经验。但是有神论声称，启示是神的告白，宗教经验是宗教信徒对神的亲身体验。很多读者对这些题目感兴趣，很可能是由于理智的好奇。他们想知道，神（或“上帝”）会对信徒说些什么，他们对上帝的经验是否可信。这就是本章将要阐述的主要问题。

一、奇迹的神学解释

与世界上的许多国家一样，我们通常使用阳历，而不使用阴历。阳历的纪元是根据耶稣基督的诞生年份而制定的。根据西方历史的记载，拿撒勒人耶稣基督的诞生、死亡与复活，见证了永恒的上帝。根据基督徒的记载，耶稣创造了很多奇迹。"创造奇迹"是现代汉语的习惯说法，西方基督徒通常的说法是"行神迹"，意思是"做了一些（或'一件'）常人难以理解的神奇事情"。能创造奇迹的耶稣基督建立了基督教会。他死后，他的信徒（基督徒）开始传播他的思想。最早的基督徒不过是古代以色列王国北部加利利地区的一些穷苦渔民。他们的传教很成功，基督教会迅速壮大。罗马帝国开始残酷镇压。许多基督徒惨遭杀戮。奇怪的是，面对镇压，越来越多的人加入教会。以前的非法宗教终于成为罗马帝国的国教。这是历史事实。在很多基督徒看来，这些历史事实不仅是上帝干预人类历史的明证，而且是一些奇迹，这些奇迹证明上帝是存在的。

干预人类历史是奇迹的一种形式。基督徒认为，除了干预人事，上帝还干预自然。无神论者所熟悉的，主要是上帝干预自然的例子。这是我们在课本上了解到的一种思想，是无神论的对立面。神对自然的干预，在无神论者看来，是神话，是现实生活中根本不可能的一些事情。基督徒不这么认为。斯温伯恩对"奇迹"的定义是：上帝中止了某个或某些规律。"规律"既包括自然规律，也包括历史规律。"上帝中止某些规律"，意思是说，由于上帝的干预，某些自然规律暂时不发挥作用了。他举了一个我们很容易理解的例子。一个虔诚的基督徒每天为其身患癌症的慈父祈祷，希望上帝赐予他健康和幸福。没有医生的治疗，也没有吃药打针，她父亲竟然康复了。她不是医生，她父亲得病以后，她并不知道病人的身体状况和病情究竟发展到什么地步。因为她是基督徒，所以她相信这是奇迹，是上帝的恩典，是她祈祷的结果。无神论者不这么看，因为无神论者相信，除了自然规律（包括社会规律和历史规律），不存在其他任何规律，因此这位癌症患者的康复，完全可以通过自然力量来解释。斯温伯恩说，把“奇迹”界定为“上帝的某种行为中止或违反了某些自然规律”，是最著名的无神论者休谟的思想，也是中世纪和近代思想家们的看法。确定了概念的含义之后，我们就可以进行下一步的考察。

基督教所谓“奇迹”有很多例证，学者们经常列举的一些例子包括：耶稣基督死而复活，在空中飘浮，把普通的水变成美味的酒，使小儿麻痹症患者顿时康复，等等。我们自然要问：为什么会发生奇迹？斯温伯恩的解释是，如果有一个上帝，信徒们就希望与他交流思想感情。上帝是基督徒心目中的创世主和救世主，是信徒们的生活希望和力量源泉。他们相信，全能、全知、全善的上帝不仅维护着他们赖以生存的这个宇宙及其规律，而且会以个人的方式，以一对一的方式，与每一个信徒直接交流，倾听他们的诉求，回应他们的祈祷。这是奇迹出现的主要原因。对无神论者来说，这些原因没有任何说服力，因为他们不信上帝，所以上帝可能做些什么的问题，纯属无稽之谈。世界观不同，方法论自然不同。

根据基督教的教义，耶稣基督是道成肉身的上帝，既是人，又是神。这是如何可能的？神怎么可能成为人呢？耶稣明明是人，基督徒有何理由说他是神呢？《新约·路加福音》有清楚的记载：耶稣基督开始传教时，连施洗者约翰都不敢确定，他是否是先知以赛亚所谓的主。他差人去问，基督回答说：瞎子重见光明，瘸子能平稳行走，聋子能听见别人谈话，麻风病人完全康复；这都是你们耳闻目睹的，把这些事情告诉约翰。这个故事说明，对普通人来说，这些事情远远超越了他们的能力。但是对耶稣基督来说，这些事情不再是离奇的，而是自然而然的，因为他虽有普通人的肉体，但其能力远远大于普通人。通过创造奇迹，他证明自己不仅是人，而且是神。这是奇迹发生的另一重要原因。简单地说，奇迹好比身份证，能创造奇迹，说明耶稣基督不是平常人，而是神。《路加福音》只讲故事，哲学家斯温伯恩却要探索故事背后的原因。他一再强调，耶稣基督能行奇迹，因为他是上帝，是宇宙万物的创造者和维持者。自然规律是他定下的。既能订立规律，就能中止或修改规律。

上帝希望与人类进行一对一的交流，上帝要表明自己的身份，这是奇迹发生的两个原因。除此之外，还有一个原因，即人类的堕落。基督教认为，人类是上帝创造的，他爱他的创造物。因为有理性和一定程度的自由，人类便自以为是，妄自尊大，丝毫不懂得感恩，毫无悔悟之迹象。即使如此，由于爱，上帝没有放弃人类。相反，他决定拯救人类。斯温伯恩的观点很清楚，他说，我们可以设想，人类处于很糟的境地，他们滥用上帝赋予的自由，尽干坏事，不做好事。他们根本不知道，什么是善，什么是恶。即使面对真理，他们也不愿承认。宇宙人生之类的重大问题，从来不会出现在他们心中。他们只管自己，不想他人。他们是宇宙的中心。基督徒认为，文明之初，人类的道德状况大抵如此。基督教旨在改变这种状况。斯温伯恩解释说，从基督教的观点看，人类必须悔悟，必须改邪归正。上帝创造人类，是要他们行善，走正道，他们却误入歧途，而且执迷不悟。怎么办？全能而又全善的上帝认为，堕落的人类没有能力悔悟。但是他们必须重新开始，必须有人教育他们、鼓舞他们，引导他们知善恶、有道德。这个领头人必须清楚地告诉人类，新生活是什么，新道德是什么。只有上帝能够担当这个重要角色。他能力无限、爱心无限，而且白璧无瑕，经得起任何诱惑。用我们熟悉的话说，道成肉身（上帝化身为耶稣基督）的一个重要意义在于，上帝以身作则，率先垂范。上帝化作一个名为耶稣基督的人，言传身教。耶稣基督是新生活、新道德的榜样。照他那样做，就是善；违背他的教诲，就是恶。道成肉身是一个奇迹，只有通过这个奇迹，堕落的人类才能自力更生，重新做人。这是奇迹之所以发生的第三个重要原因。

奇迹是可能的，但不会经常发生

读到这里，您可能会提出这样的问题：如果上帝能够创造奇迹，他能把我变成百万富翁吗？他能把我变成中科院院士吗？我们不信神，所以我们通常认为，上帝不能创造这样的奇迹，因此他并不真的存在。如果他存在，而且真如基督徒所言，具有无限的能力、知识与仁爱，他就会为我们创造这些奇迹，因为我们也是他的创造物。

斯温伯恩如何回答这个问题呢？他说，奇迹不会经常发生，上帝不会经常干预人类事务。他可能“偶尔”干预我们的生活，中止某些自然规律。上帝为什么不经常干预人类事务呢？斯温伯恩解释说，如果上帝经常干预我们的生活，有求必应，我们的道德水平和认识能力就不会提高，我们所面对的困难和问题就不是真正的困难和问题，我们就不会以严肃的态度来对待一切艰难险阻。为什么？因为我们相信，有困难，找上帝，万无一失。如果上帝回应信徒的每一种祈求，我们的世界就会是另外一副模样，科学家和文盲、英雄和懦夫就会混为一谈，因为只要祈祷，文盲也会成为科学家，懦夫也会成为英雄。幸亏我们的世界不是如此！上帝没有回应每一位癌症患者的祈祷，所以祷告不是我们治疗癌症的灵丹妙药；我们必须投入足够的精力、时间和金钱，来探索治疗癌症的方法。正因为这是我们的付出，我们才有勤奋、智慧等美誉。假如这不是我们努力的结果，而是上帝创造的奇迹，我们就不能说，人类是勤奋而智慧的。

根据斯温伯恩的阐述，奇迹是可能的，但不会经常发生。人生在世，我们每天都会遇到许许多多事情。如果有人说，奇迹发生了，或者上帝回应了他的祈祷，我们该不该相信他呢？我们能否证明，某个事件是奇迹，因为它违反了自然规律？斯温伯恩的回答是肯定的。有的学者发现，违反自然规律的事情（如耶稣基督在空中飘浮）有一个明显特征，即“不可重复性”。奇迹只能发生一次，不可能重复。斯温伯恩认为，某某事件能否重复出现，是划分这一事件的重要依据。如果它能重复出现，它就属于自然现象；如果不能重复出现，它就是一个奇迹。

我们知道，自然科学发展很快，新理论不断取代旧理论。旧理论适用于旧的观察对象，新理论不仅适用于旧的观察对象，而且适用于新的观察对象。旧理论虽然不能解释新现象，但是新现象是可重复的，在不同的时间地点，科学家们能够多次观察到这种现象。唯因如此，他们提出的新理论，才能被证实。可重复的新现象说明，旧的理论是有缺陷的，必须代之以新的理论。举例来说，伽利略的自由落体定律是地面物体的一种运动规律，开普勒的行星运动定律是天体的运动规律。牛顿总结了他们以及其他科学家的研究成果，提出了万有引力定律，把地面物体的运动规律与天体的运动规律统一起来。牛顿的理论可以解释伽利略和开普勒的理论，但是伽利略和开普勒的理论不能解释牛顿的理论。简言之，牛顿理论的解释力大于伽利略或开普勒的理论。万有引力定律所揭示的现象是可重复的。在不同的时间和地点，人们可以通过观察和实验，证实这个科学理论。我们不能笼统地说，有些现象是科学解释不了的。因为现在不能解释，不等于永远不能解释；若干年以后，科学一定能够合理地解释这些现象。为什么不能这样说呢？斯温伯恩认为，科学解释有四个主要特征，即预见性、简单性、背景性以及不可替代性。本书第 1 章讨论过这个问题。斯温伯恩很重视真理的这四个特征。根据这些特征，他认为，“耶稣在空中飘浮”就是一个奇迹，这是科学解释无能为力的。人格解释却能提供一种合理的阐述。首先，“人在空中飘浮”违反了力学定律；但是，如果这个人是力学定律的创立者和维护者，他就有能力违反这个定律。其次，“人在空中飘浮”的原因是上帝，这是一个非常简单的解释，符合真理的简单性原则。再次，这样的人格解释合乎基督徒的背景知识，符合他们心目中的自然事物和超自然的上帝。最后，这种人格解释具有不可替代性，因为其他任何解释都不如这种解释有说服力。这说明，“人在空中飘浮”是一个奇迹。

无神论者休谟相信科学，反对宗教。基督教宣称，耶稣基督的死而复活是奇迹，也是历史事实。休谟不承认奇迹，也不太重视历史。他认为，科学比历史更可信。为什么？当代无神论者弗路回答说，休谟给予科学至高无上的地位，使科学高于历史，根本原因在于，历史命题是具体的，具有过时性，人们不可能回到过去，亲自考察这些命题；自然规律具有普遍性，任何人在任何时间都能验证这些命题。简言之，休谟认为，科学随时随地都能得到验证，所以它是可信的；历史不能随时随地得到验证，所以它的可信度不及科学。在斯温伯恩看来，休谟和弗路的看法都不正确，他们夸大了科学的可信度。他认为，某个场合的某次实验只能提供一个可靠的但没有普遍意义的证据。诚如休谟和弗路所言，任何人都能检验科学规律。问题是，这种检验只能给某个科学规律提供一个新证据。人们只能说，在某时某地，某个规律是正确的。斯温伯恩指出，这个道理同样适用于历史真理。谁都能检验历史真理，这种检验只能给某个历史真理提供一个新证据。无论科学真理，还是历史真理，其证据的数量都是无限的。我们可以不停地检验，但是我们必须认识到，这种检验意义不大，因为它不能最终证明或推翻某个科学真理或历史真理。斯温伯恩的言外之意是，真理的标准不在于证据的多少，而在于它的预见性、简单性、背景性和不可替代性。由此可见，休谟与弗路并未证明，奇迹是不可能的。

奇迹是可能的，这是基督徒解释世界的一种方式。斯温伯恩举了一个浅显易懂的例子。他用的是第一人称。假如我的房间发生了爆炸；爆炸发生时，我听到一种奇怪的声音：“我已经满足了你的要求，斯温伯恩罪有应得。”我的房子在校园里，校园保安认真负责，陌生人不可能进入校园，更不可能进入我的房间，安装炸弹。校内的学生和老师也不可能害我。我已经在这个学院工作二十多年了，我的房间从未发生过爆炸。应该如何解释这次爆炸呢？最好的解释是，上帝回应某某信徒的祷告，制造了这次爆炸。除了这种人格解释，我们不可能提出一种科学解释，因为科学解释的关键是科学规律，我们显然没有一个能够解释这种现象的科学规律。斯温伯恩认为，如果上帝存在，我们就能预见这样的事情，否则我们无法解释这些事情。如果自然规律是最高规律，在最高层面决定着事物的走向，我们就有理由说，它们是不可能被中止的。后一种观点显然是无神论。无神论者也许会说，有神论“可能是错的”，未来的科学研究可能证明这些事情没有违反自然规律，新的更深层次的自然规律能够合理地解释这些现象。人在空中飘浮、莫名其妙的房屋爆炸、癌症患者瞬间康复等现象，也许有科学的解释。

斯温伯恩是自然神学家，强调理性和证据。用我们所熟悉的语言说，理性的研究者必须从实际出发，理论联系实际。如果实际经验告诉我们，自然规律没有发生变化，某某事件违反了自然规律；如果新的经验没有告诉我们，已知的自然规律是错误的，真正的规律并非如此，我们就应该相信理性，面对事实，承认奇迹已经发生。斯温伯恩是一个开明的学者，他坦诚地说，我们既要有信仰宗教的勇气，又要有承认错误的勇气。新的事实也许会证明，我们的信仰是有问题的。“可能是错的”是一把双刃剑，既能刺伤敌人，又能刺伤自己。我们可能把自然现象当作奇迹，也可能把奇迹当作自然现象。

奇迹有何证明力？它能证明上帝存在吗？斯温伯恩的基本方法是累积论证。这是一种归纳法，这种方法认为，不同的证据有不同的说服力，这些证据累积起来，就会形成一个很有说服力的论断。就奇迹而言，斯温伯恩认为，它本身或许不能证明上帝存在，但是它有自己的分量。单独来看，奇迹的证明力也许是有限的，但是，如果我们把它与别的证据（宇宙、人类、道德、启示、宗教经验等）放在一起，就会构成一个颇有说服力的论证。斯温伯恩的意思是，我们必须区别对待不同情况：有人认为，奇迹足以证明上帝存在；有人则认为，除了奇迹，我们还需要别的证据。换言之，有些基督徒认为，奇迹能够直接证明上帝存在；另外一些基督徒认为，单有奇迹还不够，奇迹加上其他证据，如宇宙及其规律、生命的出现、人类的诞生、宗教经验等，才能证明上帝存在。除了奇迹，基督徒认为，他们还有其他直接通达上帝的途径，即启示。

二、启示

基督教是一种世界观和人生观。基督徒认为，上帝之所以干预人类历史，也许是因为他想把某些真理告诉我们。

人类是需要帮助的

基督徒所谓“启示”，指的是上帝把某些真理直接告诉人类。这是为什么？斯温伯恩解释说，人类的理性或智力是有限的，无论我们的认识能力，抑或认识态度，都有很多限制。就认识能力而言，我们的知识很有限，很多东西我们是不知道的。古人云，闻道有先后，术业有专攻。学到知识以前，我们处于无知状态；学到知识以后，我们又发现，我们的知识仅限于某个或某些领域。大科学家牛顿似乎发出了很多人的感叹：

面对知识的大海，我们不过是一些在海边玩耍的孩子。就认识态度而言，我们的限制似乎更多。斯温伯恩说，有些真理摆在我们面前，确凿不移，我们却视而不见。为什么？因为它们可能损害我们的既得利益，即物质利益和社会地位等。比如美国历史上的黑人奴隶制、全人类的男女平等、环境保护、生态平衡等问题。我们明知问题所在，却拒不改正。我们不愿面对真理，因为真理与我们现行的价值观念或生活方式相冲突。人性的这些弱点（认识能力或认识态度）表明，人类是需要帮助的，只有这种帮助才能使我们认清，什么是对，什么是错，什么是我们的义务，什么是我们的最大幸福。斯温伯恩和其他基督徒思想家常说，无助的理性是有限的。“无助”一词用得很贴切。我们不时会遇到困难和问题，常常感到能力有限，希望有人能够帮助我们。斯温伯恩说，这种“无助感”是我们寻求上帝帮助的重要原因。犹太教和基督教都宣称，上帝曾干预人类历史，以便启示我们某些真理。不仅如此，这些宗教还认为，上帝建立了一种社会机制，即教会，以保证这些启示的正确解释和世代相传。上帝给犹太人的启示，被他们保存在希伯来语《圣经》，即基督徒所谓《圣经・旧约》之中。上帝给基督徒的启示，被他们保存在《圣经・新约》之中。基督教会旨在保存上帝的启示。基督教徒与犹太教徒的区别是，后者以《圣经・旧约》为上帝的启示，前者以《圣经・新约》为上帝的启示，不过基督教补充说，基督徒也承认《旧约》，但是《新约》比《旧约》更重要，必须根据《新约》来理解《旧约》。

不同的宗教有不同的启示，我们该如何取舍呢？面对各不相同甚至互相冲突的所谓“启示”，我们该如何判别真伪呢？

斯温伯恩提出两个标准：1. 启示必须符合我们的背景知识。2. 启示应该是一个奇迹。首先，上帝的启示应该符合我们现有的知识。我们知道，烧杀抢掠是大逆不道，标榜这些行径的“启示”，不可能是真正的启示。每个人都有一些基本的道德观念，如果某个所谓“启示”与这些道德观念（如“诚实守信，孝敬父母，爱护子女”）背道而驰，我们就可以断定，这不是真正的宗教所谓的启示。其次，西方宗教认为，启示的发出者是上帝，启示旨在告诉人类某些他们无法认识的真理。因此，启示必然是一个奇迹，即违反自然规律的事情。只有上帝能够创造奇迹。不是奇迹的“启示”一定不是真正的启示。如果有人对你说，“把你新买的耐克运动鞋送给我，这是上帝的启示”，根据以上分析，你一定会作出正确判断：送别人一双高档鞋是一件很平常的事情，不是什么奇迹，因此，这个人所谓“启示”不可能是真正的启示。

我们应该如何看待基督教的启示呢？基督教的启示可信吗？斯温伯恩认为，犹太教、基督教和伊斯兰教是西方三大宗教，就这三大宗教而言，唯有基督教是建立在一个奇迹（耶稣基督的死而复活）之上的宗教。何谓“基督教的启示”？简言之，基督教的启示即上帝（或基督）的教诲。山上宝训、道成肉身、三位一体、基督为人类赎罪，都是基督的启示。如上所述，基督徒认为，无助的理性无法认识这些真理，因此，他们需要耶稣基督的帮助。山上宝训阐述了基督教道德观，限于篇幅，这里只能择要引述少数几条。耶稣说，不要与恶人作对。有人打你的右脸，连左脸也转过来由他打……有求你的，就给他；有向你借贷的，不可推辞……要爱你们的仇敌，为那逼迫你们的人祷告……你们饶恕人的过犯，你们的天父也必饶恕你们的过犯；你们不饶恕人的过犯，你们的天父也必不饶恕你们的过犯。

启示是否可信

我们知道，基督教主要是一种生活方式。基督徒就是这样生活的。“道成肉身”的意思是，上帝化身为耶稣基督。“三位一体”的意思是，上帝有三个位格，即圣父、圣子、圣灵，他们属于同一个实体。耶稣基督的使命就是为人类赎罪。基督教宣称，自然理性不可能认识这些真理，人类只有依靠上帝的启示。

问题是，这些启示可信吗？斯温伯恩从四个方面讨论了“启示是否可信”的问题。首先是时间问题。基督的启示记载于《圣经·新约》。《新约》的大部分作者都是耶稣基督生平事迹的见证人。他们都认为，抹大拉的马利亚和其他几个妇人，看见过那个没有尸体的墓穴；很多人都见过复活之后的耶稣基督，还与他一起吃饭、交谈。斯温伯恩的言外之意是，基督死后不久，其思想就集结成书，门徒们就开始传播他的思想。耶稣基督生活的年代与其思想集结成书、开始传播的年代，相差约三十年。一般来说，时间越短，可信度越高；时间越长，可信度越低。假如昨天晚上我看了一场电影，今天我写了一篇观后感。你一定不会怀疑我文章中写到的事情，因为相隔时间很短，出错的可能性很小。相反，假如我三年前看了一场电影，今天才写观后感，你可能怀疑我写到的一些事情，因为相隔时间太长了，出错的可能性比较大。与基督教相比，犹太教就没有这样的优势。斯温伯恩说，《旧约》记载的那些事情与其发生年代相去甚远。

其次，启示必须符合人们的背景知识。启示的可靠性与其他证据的可靠性有关。斯温伯恩认为，如果上帝存在的其他证据，如宇宙的存在及其秩序、人类的存在及其理性，是合理的，那么启示也应该是合理的。人们可以合理地设想，如果有一个全能而全善的上帝，他一定会以某种方式帮助人类，因为他爱他们。

最后，基督教教义是彼此连贯的。没有连贯性的思想不可能是正确思想。斯温伯恩说，如果教会坚持上帝的某些启示，如道成肉身理论，这种理论就可能是正确的，因为教会是上帝建立起来，保存、阐释和传播其思想的专门机构；既然教会倡导该理论，它就应该是正确的。斯温伯恩承认，这是道成肉身理论的一种证明，它有自己的分量。如果这种理论是正确的，它就不能与基督教的其他理论发生冲突。他的例子简明扼要，颇具说服力。他说，为了孩子的健康，父母甘愿与其一道节制饮食，即使他们并不需要这样做。同样的道理，由于爱我们，基督徒认为，上帝甘愿与我们一道经受磨难。简言之，启示与上帝的其他属性是一致的。这就增加了启示理论的可靠性。最后，不同宗教可以互相印证。如果其他宗教理论流传久远，信徒众多，基督教的某个启示却与它们正好相反，那么这种情况必然有损于该基督教启示的可靠性，人们会怀疑其真实性。斯温伯恩常说，人类的知识好比一张大网，不同的部分相互关联、相互印证。如果从其他宗教的角度看，基督教的某个启示缺乏可靠性；如果从基督教的其他方面看，这个启示同样没有可靠性，我们就要放弃这个启示。斯温伯恩的这种理性主义态度是可取的，因为他坚持理性与信仰的统一，认为信仰是合理的。

三、宗教经验

奇迹是上帝对自然规律和人类事务的干预，启示是上帝把某些真理告诉某个人或某些人。斯温伯恩认为，如果上帝是全能的和全善的，他就有理由这样做。不仅如此，他还有理由与世界万物特别是有理性的人类进行交流；有时，他会回应信徒的祈祷，以便影响这个世界。举一个简单的例子，上帝好比父母，包括人类在内的世界万物好比子女，父母是子女的养育者。“养育”意味着“生养”并“培育”。只管“生”、不管“养”的父母，是不负责任的父母，是不称职的父母。父母应该养育子女，这是我们都能接受的道理。这个道理完全适用于基督徒所谓“宗教经验”。基督徒认为，上帝不仅是人类的创造者，而且是他们的培育者。基督徒说，因为爱我们，所以上帝会干预我们的生活，他会显现给某个人，告诉他或她一些个人事务。这就是基督徒所谓“宗教经验”，即个人对上帝的直接感知。很多基督徒宣称，他们有过这样的经历，因此他们坚信，上帝是存在的。

从无神论的角度看，我们会说，宗教经验很不可靠，因为任何人都无法证明其他人对上帝的感知。我的经验只有我知道，你的经验只有你知道。我不能验证你的经验，你也不能验证我的经验。我的经验对你没有说服力，你的经验对我也没有说服力。因此，宗教经验值得怀疑。这是无神论对宗教经验的看法。基督徒不这么认为，在他们看来，宗教经验与其他经验一样可靠，人们对宗教经验的怀疑是毫无道理的。对基督徒来说，宗教经验有何重要意义呢？答案很简单：宗教经验能够证明上帝存在。斯温伯恩说，如果你承认，昨天晚上约翰曾与上帝交谈，你当然相信，上帝是存在的。无神论与有神论的争执在于上帝是否存在。不承认有一个上帝，对上帝的经验就无从谈起了。思想的出发点不同，结论自然不同。基督徒认为，上帝是存在的，因此，基督徒所谓宗教经验是真实可信的。

经验的“认识意义”与“比较意义”

对基督徒来说，宗教经验的真实性是不言而喻的；对无神论者来说，这是一个大问题。斯温伯恩是自然神论者，他要从自然理性的角度说明，宗教经验与世俗经验一样真实可信。要理解“宗教经验”，就要首先理解“经验”。何谓“经验”？斯温伯恩借鉴了当代美国哲学家奇士姆的观点。奇士姆认为，我们经常用“好像”“看来”“似乎”等词汇来描述事物。月亮看来是平的，盆里的那个硬币好像是椭圆的，苹果似乎是酸的，这都是我们的日常经验。奇士姆发现，我们通常是在两种不同的意义上使用这些词汇的，即“认识意义”和“比较意义”。“认识意义”指的是，我们相信自己的感觉经验。从“认识”的角度看，“苹果似乎是酸的”这句话的意思是，我认为这个苹果是酸的；“月亮看来是平的”这句话的意思是，我认为月亮是平的。“认识意义”即我们对事物的认识。与此不同的是“比较意义”，它指的是，我们拿某个事物与其他事物进行比较。从“比较”的角度看，“苹果似乎是酸的”这句话的意思是，我认为这个苹果的味道与其他有酸味的食物是一样的；“月亮看来是平的”这句话的意思是，我认为月亮表面与其他平坦的表面是一样的。由此可见，认识意义与事物的本质有关，比较意义与事物的本质无关，却与事物的存在方式有关。“认识”与“比较”是两个不同的视角。“认识”能够决定对象“是什么”，“比较”只能决定对象“像什么”。不同的角度决定了不同的经验。认识意义上的经验不同于比较意义上的经验。根据奇士姆的理论，“月亮看来是平的”这句话有两种不同解释：从认识的角度看，“月亮看来是平的”这个判断是错误的，因为它不符合事实，月亮本来是圆的；但是从比较的角度看，这个判断是正确的，因为从地球上看，月亮和其他表面平坦的事物是一样的。

斯温伯恩认为，“宗教经验”主要是指认识意义上的经验，而不是比较意义上的经验。它是对上帝的感知。一般来说，宗教经验是指个人的感知，而非公众的感知。约翰和汤姆是好朋友，形影不离，他们的感觉器官完全正常。但是，从他们的这些相似之处，我们不能推断，汤姆一定会有约翰那种感觉，或者约翰一定会有汤姆那种感觉。汤姆觉得老师的脸色不对，他可能遇到麻烦了，约翰却没有任何感觉，在他看来，一切正常。为什么会有这种差别？基督徒的解释是，神（或上帝）只和他（或他们）挑选的那个人（或那些人）交流，而不是和所有的人交流。与个人的感知相对的，是公众的感知。图书馆前面有一个凉亭，如果人们具有正常的感觉器官，他们就会看到这个亭子，或检验这种感知。斯温伯恩说，我们的绝大部分感知都属于这种类型，都是公开的，谁都能检验其真伪。就人的感知而言，宗教经验属于个人感知，而非公众感知。这是宗教经验的第一个特征。就人对感知的解释而言，斯温伯恩认为，人的感知经验是一个整体，这种经验和那种经验相关，那种经验又和第三种经验相关，以此类推，我们就能获得一个相互关联的经验整体。看到你的手提包，我就能断定，你已经到办公室了，尽管现在看不到你本人。看见到处都是湿漉漉的，我就能断定，昨晚下雨了。我在上课，一些学生却不停地说话，我立刻认识到，他们觉得没趣，不想学。我们的感知经验不是孤立的，一种感知经验意味着另一种或其他多种感知经验。某些人只有第一种感知，没有第二种或其他更多的感知；另一些人不仅有第一种感知，而且有第二种或更多的感知。经验相同，解释不同。瞩目繁星点点的夜空，无神论者会想到自然律，基督徒会想到上帝。同一的经验有不同的解释，这是宗教经验的第二个特征。

宗教经验的种类

宗教经验有哪些种类？斯温伯恩认为，宗教经验共有五种类型。

1. 基督徒可由普通事物而感知上帝。我国唐朝大诗人杜甫的诗句云：造化钟神秀，阴阳割昏晓。我国学者通常把“造化”翻译为“创造主”或“自然”，类似于基督教的上帝，但有区别。我们必须弄清二者的不同。我们所谓“造物主”不是基督徒所谓“造物主（或上帝）”，因为后者是一个人格神，能够干预自然与历史，回应信徒的祈祷，前者则不同，他的“创造力”很明显，其他特征很不明显。面对神奇秀丽的自然风光，基督徒会说，这是上帝创作的艺术品。自然风光是普通现象，不是宗教现象。基督徒能从这样的事物感知上帝的存在。

2. 基督徒可由众所周知的非同寻常的事物而感知上帝。斯温伯恩举例说，耶稣基督的死而复活使其信徒直接感知上帝的存在。死而复活不是一件平常事。根据《圣经·新约》的记载，耶稣基督被钉死在十字架上。三天后，一个言行举止酷似耶稣基督的人出现了。从比较的角度看，基督徒觉得，这个人很像耶稣基督。从认识的角度看，他们把他当作复活了的耶稣基督。《新约》说，这是一个公开事件，不是什么秘密。很多人见证了这一事件。对这些基督徒来说，他们看见的这个人就是上帝。斯温伯恩说，无神论者和怀疑论者即使看到一个酷似耶稣基督的人，他们也不会把他看作复活了的耶稣基督。他们的感知经验只有比较意义（这个人“酷似”耶稣基督），没有认识意义（这个人“就是”耶稣基督）。

3. 基督徒可由个人感觉而感知可言说的上帝。“个人感觉”是个人的事情，别人不知道。“可言说”的意思是，可以用语言描述。斯温伯恩举了《新约·马太福音》中的一个例子。约瑟夫做了一个梦，他梦见一个天使，这个天使告诉他一些事情。这个梦可信吗？约瑟夫认为可信。他把“梦中的天使”当作“真的天使”，把“天使的话”当作“上帝的话”。不同的解释意味着不同的态度。基督徒的解释不同于无神论者的解释，因此，他们对待上帝的态度迥然不同。基督徒把某种感觉“当作”可以用语言描述的上帝，无神论者就不会作这样的解释。

4. 基督徒可由个人感觉而感知不可言说的上帝。“不可言说”对我们来说不算一个怪词，因为很多人都听说过道家的那句名言：道可道，非常道。名可名，非常名。意思是说，永恒的真理是不可言说的，永恒的名称也是不可言说的。道家认为，“不可言说”是永恒真理的标志。宗教也有类似的观点。有些基督徒特别是宗教神秘主义者认为，他们感知到的上帝，是不能用日常语言描述的。他们感觉到上帝的存在，但缺乏合适的语言。简言之，他们知道上帝存在，但是不知道怎么描述他。

5. 基督徒可直接感知上帝。这就是说，有的时候，基督徒无须任何感觉经验，就能感知上帝。美国著名哲学家普兰丁格是虔诚的基督徒，他酷爱登山。他说，爬山的时候，他会明显地感觉到上帝的存在。不通过任何中介，就直接感知上帝，这是斯温伯恩所谓宗教经验的第五种形态。他认为，宗教经验不外乎这五个种类。很多基督徒把人生理解为一种宗教经验。在他们看来，风调雨顺是上帝的恩赐，灾害瘟疫是上帝的惩罚。

可信原则与见证原则

读到这里，我们不禁要问：这些宗教经验能够证明上帝的存在吗？它们的证明力从何而来？它们是否真实可信？斯温伯恩提出两个原则，即“可信原则”和“见证原则”来回答这些问题。这两个原则都是哲学原则，属于一般的哲学原理。它们既适用于日常经验，又适用于宗教经验。

我们先来看“可信原则”。斯温伯恩指出，一般来说，感觉经验是可信的。看见那里有一张桌子，我们就有理由认为，那里真的有一张桌子。看见约翰在那里讲课，我们就有理由认为，约翰真的在那里讲课。听到门外有人敲门，我们就有理由相信，门外真的有人在敲门。正常情况下，如果我们觉得某物存在，那么它很可能真的存在。换言之，正常情况下，事物看上去是什么，它很可能就是什么。那个动物看上去是一只猫，那很可能就是一只猫。那棵树看上去是苹果树，那很可能是一棵苹果树。斯温伯恩称这个认识原则为“可信原则”。他说，这是理性的一个基本原则。这个原则告诉我们，通常情况下，我们的感觉经验是真实可信的。“通常情况”“正常情况”“一般来说”这些限定词的意思是，经验的主体和客体能够一如既往地发挥作用，主体没有感觉器官方面的缺陷（耳聪目明，神志清醒，精力集中等），客体没有违背我们所熟悉的自然律或道德律。我们随时随地都能证明这个原则。

举例来说，一个乌云密布的夏夜，我在等公共汽车。天上的星星都不见了。车应该从东面来，因此我不停地朝那个方向张望。无意间，我看到了“星星”。我觉得很奇怪。漫天乌云，眼看就要下雨了，哪来的星星？观察片刻，稍作思考，我马上明白了：那不是星星，而是带着灯的风筝！我白天常常经过那里，多次看见人们在那里放风筝。把风筝“当作”星星，感觉经验不也会骗人吗？怎么能说经验是可靠的呢？这种说法是站不住脚的，我们一定要注意斯温伯恩所强调的“一般来说”这种限定。一般来说，我们是在晴天看星星，而不是在阴天。晴朗的夜空，明亮的星星，是我们看星星的典型方式。“阴天看星星”不符合这个条件。问题出在客观条件上：那天不适宜看星星。因此，“误把风筝当星星”的事实，不能推翻“一般来说，感觉经验是真实可靠的”这个基本原则。斯温伯恩论述可信原则，一个很重要的原因是，他想证明宗教经验的真实可靠。根据以上分析，斯温伯恩说，通常情况下，我们应该相信宗教经验的真实性和可靠性。换言之，宗教经验和其他经验都是人们感知到的事物的存在方式。

斯温伯恩的写作方法很值得我们学习。很多人犯愁写议论文，不知道如何下笔。即使有很多话要说，也不知道先说什么，后说什么。斯温伯恩的讨论方式主要包括两部分：首先阐述自己的观点，然后回应别人的批评。

针对斯温伯恩的可信原则，有些学者提出两种批评。首先，有的学者认为，可信原则只能用于日常经验，不能用于宗教经验。它不是理性的基本原则，因为它没有普遍性。批评者说，那个东西看上去是一张桌子，于是我们认为，那就是一张桌子。这是对的。但是我们不能说，上帝和桌子一样。我们见过桌子，却没有见过上帝。再次看见一个桌子模样的东西时，我们可以说，那就是一张桌子。但是谁也没有见过上帝，我们怎么能说那个看似上帝的事物就是上帝呢？斯温伯恩如何回应这种批评呢？他说，这种批评的关键在于我们的记忆力。人都有记忆力。记忆力能把我们以前见过的桌子和现在的桌子联系在一起。谁也没有见过上帝，我们的记忆中没有这种东西，因此，他不可能像桌子那样出现在我们记忆中。

斯温伯恩指出，只有“正确的记忆”才能保证我们由过去到现在的推论。过去看见过桌子，现在这个东西很像我“记忆”中的那个东西，因此这就是一张桌子。问题是：谁能保证我们的记忆一定是正确的？我们不也有记错的时候？不也有记不起来的时候？事实胜于雄辩。事实告诉我们，一般来说，我们的记忆力是真实可信的。经验告诉我，我能正确地把“以前的你”和“现在的你”联系起来，把二者“当作”同一个人。现在的你“像”过去的你，所以我能认出你来。我们不能说，之所以记忆力是可靠的，是因为记忆力是可靠的。这是循环论证，不能说明问题。我们认为，记忆力是可靠的，因为事物正如它们所显现的那样。这正是斯温伯恩所倡导的“可信原则”。这个原则是记忆力的基础和源泉。因此斯温伯恩认为，第一种批评不能成立。

还有的学者认为，可信原则只能用于普通事例，不能用于特殊事例。具有人们可以感知的属性的事例，是普通事例；具有人们不可感知的属性的事例，是特殊事例。这是美国哲学家奇士姆的观点。他认为，颜色、硬度、形状、大小等属性是可感属性，它们是可靠的，它们可以揭示事物的本来面目。相反，抽象概念不是可感属性，因此它们是不可靠的，不能揭示事物的本来面目。例如景德镇瓷器或明朝的景德镇瓷器，炮台或清朝军队使用过的炮台，都是不可感属性，人们不能直接感知这些特征。因为它们是一些抽象概念。这是针对可信原则而提出的另外一种批评，以限制该原则的使用范围。

在斯温伯恩看来，奇士姆所谓“可感属性”与“不可感属性”实际上是“经验与其解释”的区别。这是经验主义的老话题。经验主义的最大代表、英国哲学家洛克认为，事物的属性可以分为两种：第一性质与第二性质。第一性质是人们可以感知的、存在于客观事物中的一些属性，如事物的大小、硬度、形状、运动或静止的状态、数量等。与第一性质不同，第二性质不存在于事物之中，而存在于感知者心中，事物“使”我们产生了这种性质。洛克认为，颜色、声音、滋味、气味等属于事物的第二性质。奇士姆与洛克有明显的相似之处，他们都认为，事物的可感属性比不可感属性更可靠。根据这种理论，如果草地上有几头奶牛在吃草，我看见它们了，我就真的感知到它们的存在。如果有人告诉我，草地上有几头奶牛在吃草，我却没有看见它们，我就没有真的感知到它们的存在；我只是推测，那里可能有几头奶牛在吃草。推测不是经验，而是对经验的一种解释。

斯温伯恩清楚地指出，第一性质与第二性质、可感属性与不可感属性、经验与解释之间，没有明确的界限。他讲得浅显易懂。举例来说，从你的表情，我知道你不高兴、很累、很烦、很委屈等，可是我并不知道其中的原因。很多人都有打电话的经历。如果是熟人，我们马上就能听出对方是谁。我从未怀疑接电话的人是不是我父母、妻女、兄妹等，但我说不出其中的原因。假如我们正在喝茶，如果有人问我：是什么东西使你喝的那种饮料成为茶的？我一定无言以对。幸亏没有人这样问过！我们从未怀疑，我们是在喝茶。诸如此类的事实证明，喝起来“像”茶，因此我们认为，那就是茶；听起来“像”我太太，因此我认为，那就是我太太；你“看上去”很累，因此我认为，你一定很累。经验即解释，解释即经验。事物“看上去”是什么，就“很可能”是什么。斯温伯恩说，我们可以把这个道理用于宗教经验。如果有人说他看见了（或听到了、感受到了）上帝，他就有理由相信，上帝是存在的。

斯温伯恩的思想以清晰明确著称。回应了可信原则遇到的两种批评之后，他开始考察该原则的四种例外情况。英语中有这样一句谚语：规律皆有例外。这就是说，任何规律都有一些它无法解释的事例。这个谚语同样适用于可信原则。斯温伯恩认为，可信原则不能用于下列四种情况：首先，如果经验主体或经验的环境不可信，那么由此而来的经验同样不可靠。如果某人经常说谎，那么他报告的经验是不可信的。另一种情况是，某人吸毒，吸食毒品后，其感官不能正常发挥作用，在这种情况下，他的经验是不可信的。其次，斯温伯恩说，不合乎背景知识的经验不可信。背景知识是我们对周围世界的正确认识。《老子》有这样的名言：合抱之木，生于毫末；九层之台，起于累土；千里之行，始于足下。易言之，大树是由小树苗慢慢长成的，高台是由一筐筐土堆积而成的，千里行程是从第一步开始的。两千多年前，我们的祖先已经认识到这个真理。如果有人说，一个星期前，他在香山栽了一棵树，现在已经长大成材，两个大人都不能环抱。我们不可能相信他的话，因为他的“经验”与我们的背景知识完全相反，我们没有任何理由怀疑我们的背景知识。再次，斯温伯恩指出，不符合事实的经验不可信。他举例说，如果约翰死了，他就不可能在英国政府所在地唐宁街上漫步。如果有人说，他看见约翰在唐宁街上散步，我们是不会相信他的。因为他的话与我们知道的事实不一致。最后，斯温伯恩说，以某种不可能性为基础的经验不可信。“不可能性”即不可能存在的事物。我们不可能体验到不存在的事物。如果约翰死了，我就不可能看见他走在唐宁街上，或接到他的电话，或听他讲政治经济学。如果有人对我说，约翰下学期要开一门新课，我是不会相信他的。你若告诉我，有个演员曾扮作约翰，故意在唐宁街上行走，我立刻就会明白，让我产生那种经验（“我看见约翰在那里行走”）的不是约翰，而是那个演员。斯温伯恩指出，在这四种情况下，我们会怀疑经验的可靠性。然而，绝大多数宗教经验都是可靠的，都不属于这四种情况当中的任何一种。

可信原则是主体对待客体的基本态度。主体即人或经验者，客体即对象或事物。客体有广义和狭义之分。广义的客体既指事物，又指人；狭义的客体仅仅指事物。斯温伯恩的可信原则主要是用来解决主体与事物的关系问题。除此之外，他还提出一个“证明原则”，以解决主体与人，即主体与其他主体的关系问题。何谓“证明原则”？斯温伯恩说，通常情况下，我们认为，别人告诉我们的那些事情，很可能是真的。别人的经验就是这些事情的可靠证明。这就是他所谓的“证明原则”。

"通常情况下"的意思是，经验主体没有撒谎、记错或歪曲事实。简言之，这个原则的基本含义是，总的说来，别人是可信的，他们的经验是值得借鉴的。斯温伯恩认为，证明原则比可信原则的范围更大。这个原则有助于我们理解知识的本质。人的生命和精力都是有限的，我们不可能逐一验证我们的知识。地理、历史以及各门自然科学很大程度上都是别人的直接经验，而不是我们的直接经验。我们不可能亲自考证金字塔的建造时间、万里长城的修筑过程、巴比伦王国的灭亡原因或者印度教的历史演变。我们必须求助于别人，相信他们，并依靠他们。我们接受这些领域的知识，因为我们相信，人通常会讲真话，别人的经验同样能够证明事物的存在。

经验与人生

斯温伯恩认为，证明原则既适用于世俗知识，又适用于宗教知识。在其他领域，人通常会讲真话；同样的道理，在宗教领域，人通常也会讲真话。对基督徒来说，宗教经验具有重要意义：如果他们曾体验到上帝，他们就会更深地理解他，就会有一种很不相同的生活方式。

古希腊先哲苏格拉底说，美德即知识，没有人知道善而不行善的。他的意思是，要想做好人，我们首先必须知道什么是好人，什么是坏人。知识先于行动。我们的先哲孔子也有类似的思想，他主张"博学之，审问之，慎思之，明辨之，笃行之"。博学、审问、慎思、明辨在先，笃行在后。思想正确，行动才能正确；思想错误，行动不可能正确。斯温伯恩的思想与中西方先哲们的思想一脉相承。他也强调知先于行以及知行合一的重要意义。这一点很容易理解。一般来说，我们知道什么，就做什么。知道行善的好处，有人就行善；知道作恶的好处，有人就作恶。

行善为什么好？善良人会说，行善使我们活得有价值。2008年1月，我国南方遭受特大雪灾，河北唐山的几位农民自发地奔赴灾区，参与救灾。记者问他们：为什么这么做？他们的回答很简单：1976年唐山大地震时，全国支援我们；现在南方受灾，我们也应该支援他们。我们应该如何理解这种行为呢？他们追求什么？他们不为名，不为利。他们是一些纯朴的农民，连普通话也说不好，怎么可能到那个严酷的环境中去追逐名利呢？与很多人不同，他们有一颗感恩的心，他们懂得知恩图报。感恩是他们最珍视的品质，在他们看来，这是最重要的价值观。人生在世，就要懂得感恩。感恩的心使人活得有价值。一句话，他们知道行善的好处，所以他们行善，成为善良的人。

与此相对的是作恶的人，他们知道，作恶能给他们带来好处。前些时候，媒体报道过一个网络诈骗的案例。一个有点文化的年轻人谎称，他有质优价廉的笔记本电脑出售。贪图便宜者接二连三地上当受骗。消费者报了案，骗子被抓。言归正传，人们知道什么，就做什么。骗子只知道骗人能给他带来不义之财，却不知道“手莫伸，伸手必被捉”的道理。退一步说，即使知道这个道理，他也是一知半解，将信将疑，发不义之财的诱惑终于战胜了理智与道德。如果明知“伸手必被捉”，他还会行骗吗？诚如中世纪大思想家奥古斯丁所言，恶是善的缺失。不知道什么是善，也就无所谓善恶之分了，更谈不上行善积德了。用我们先哲的话说，他没有慎思明辨，所以走错了路。

斯温伯恩把“知行合一”这个简单而重要的真理用于基督徒的宗教经验。如果某人觉得，他与上帝有过直接交流，那么他的行为一定会有所不同。“经验”与“体验”同义。体验到上帝即认识上帝。“认识上帝”与“不认识上帝”区别很大。不认识上帝，人就不可能接受基督教教义，更不可能实践那些教义。对基督徒来说，认识上帝意味着一个全新的开端。我们知道，基督教有完整的思想体系，是一种独具特色的世界观。信仰上帝不是一句话的事情，也不是一个宗教仪式的问题，而是一个“知与行”的问题。信仰上帝的意思是，信徒必须接受基督教的基本教义，并身体力行。知与行都很重要。知是方向，行是道路。一方面，不理解基督教的基本教义，不知道什么是基督教，一个人不可能成为真正的基督徒。基督教主张“爱邻舍”。“邻舍”是谁？是我的邻居吗？我的邻居长期旅居海外，我如何爱她/他？耶稣基督在《马太福音》中解释说：“要爱你们的仇敌，为那逼迫你们的人祷告。这样，就可以做你们天父的儿子。因为他叫日头照好人，也照歹人；降雨给义人，也给不义的人。”“邻舍”指的是“别人”。“爱邻舍”就是“爱别人”。为什么要爱别人？因为包括人在内的世界万物，都是上帝创造的；爱他们/它们，就是爱他们/它们的创造主。因此，耶稣基督说，要爱仇敌，因为上帝的爱是无限的，正所谓大爱无疆。他把阳光雨露既给好人，也给坏人。只有理解了这个道理才可能理论联系实际。另一方面，基督徒还必须把这些宗教的、道德的知识付诸实践，真正做到“知行合一”。斯温伯恩说得简单而清晰：如果你真的感觉到上帝曾与你交谈，你就应该按照他的要求，规范自己的行为；你应该祷告，应该礼拜上帝，应该有自我牺牲精神。基督教的要求当然不止这些。知道了“爱邻舍”的道理，基督徒就要访贫问苦，以特蕾莎修女为榜样。特蕾莎修女是诺贝尔和平奖获得者（1979），终身致力于印度加尔各答贫民的救助工作。在邓普顿奖的颁奖仪式上，她讲了一个发人深省的故事。在墨尔本逗留期间，她看望了一位老人。极少人知道，世界上还有这样一个老头儿。他的家杂乱无章。她想帮他收拾，老人却说，他很好。特蕾莎终于获得他的许可，开始大清扫。桌上有一个漂亮的台灯，尘封多年。她问老者：“您为什么不用这个台灯？”“给谁用？从来没有人看我，我不需要它。”老人回答说。“要是修女们来看你，你会开灯吗？”“当然会，要是听到人的声音，我就开灯。”后来，他带话给特蕾莎修女：“你给我点亮的那支生命之烛，还在燃烧。”她深有感触地说：“这就是我们必须认识的人。这就是昨天的耶稣、今天的耶稣和明天的耶稣。我们必须知道他们是谁。”在另一个场合，她说得更清楚：“我不但要信仰，而且要实践，要身体力行。”这就是“爱邻舍”的全部意义，也是斯温伯恩所谓知行合一的最好阐释。

斯温伯恩呼吁，我们应该以严肃的态度对待宗教经验。如果其他经验（如科学家的经验和艺术家的经验）是可信的，那么宗教经验也是可信的。他用两个法律术语，即有罪推定和无罪推定，来说明自己的看法。“有罪推定”的意思是，未经法院判决有罪，被告人就被视为有罪。换言之，“有罪推定”意味着被告人有罪，除非你能证明，他没有罪。斯温伯恩认为，这个原则是错误的。把它用于人类的知识，我们会陷入自相矛盾。如果其他人都不可信，他们的经验都值得怀疑，我们的知识就所剩无几了。

直接经验只能给我们提供十分有限的知识。我从未去过苏州、杭州，因此，我对这两个地方没有任何直接经验。我能否相信别人的经验呢？别人说，他们去过这些地方。我能相信他们吗？事实证明，别人的经验绝大部分是可信的。人类知识宝库的很大一部分是前人的经验。有罪推定原则与这个事实正好相反。斯温伯恩认为，没有充分的证据，我们是不会怀疑别人的。唯因如此，人类才能积累大量的文化财富。

与“有罪推定”相对的是“无罪推定”原则。未经法院判决有罪，被告人应被视为无罪。这就是无罪推定原则。换言之，“无罪推定”意味着被告人无罪，除非你能证明他有罪。这个原则符合以上所述可信原则和证明原则。没有证据，我们通常不会怀疑别人。我们相信，事物正如它们所显现的那样（可信原则），亦如别人所描述的那样（证明原则）。

无神论者不承认宗教经验。无神论思想家弗路认为，宗教经验种类繁多，互相矛盾，不可信。斯温伯恩回应说，不同的宗教经验不一定互相矛盾。上帝可能以不同的方式，显现于不同的文化之中，比如《旧约》的上帝叫耶和华，《新约》的上帝叫耶稣基督。二者并不矛盾。另一方面，斯温伯恩认为，无罪推定原则告诉我们，举证责任不在基督徒一方，而在无神论者一方。谁主张，谁举证。基督徒主张，他们觉得有一个上帝，那么上帝很可能存在，我们没有理由怀疑他们。无神论者主张，基督徒的经验不可信，上帝不存在。这就是说，人们的经验通常不可信，或者基督徒的经验通常不可信。这是为什么？斯温伯恩说，如果没有充分的证据，无神论者就不能证明自己的怀疑，也就不能推翻基督徒的主张。

宗教经验是宗教徒特有的一种经验，仿佛数学的美是数学家特有的一种经验，绘画的美是绘画创作者和欣赏者特有的一种经验，音乐的美是音乐创作者和欣赏者特有的一种经验，文学的美是作家和读者特有的一种经验，自然的美是热爱自然的人特有的一种经验，道德的美是有道德境界的人特有的一种经验，如此等等。有人有数学天赋，而没有文学天赋，有人有绘画天赋，而没有音乐天赋。不懂数学的文学家，可能发出这样的感叹：数学啊，你美在哪里？不懂绘画的音乐家，也可能发出类似的叹息：常言道，诗中有画，画中有诗；传世名画啊，你的诗在哪里？我们都懂得“闻道有先后，术业有专攻”的道理。你懂的，我可能不懂；我懂的，你可能不懂。你现在不懂的，以后可能懂；我现在不懂的，以后也可能懂。宗教经验与其他经验的关系也是如此。所以斯温伯恩说，某些人没有宗教经验，那说明这些人对宗教一无所知。他提出两个恰当的比喻：有人是色盲，不能分辨红色和绿色，有人不是。我们不能因为色盲者不能分辨红色和绿色，就说这两种颜色没有区别，或说无人能分辨这两种颜色，或说视觉正常的人在说谎。一方面，我们必须承认，红色和绿色是两种不同的颜色，它们是客观存在的；另一方面，色盲的人有视觉缺陷，不能区别它们，这是他们的缺憾。第二个比喻：一个旅行团来到阿尔卑斯山。山路崎岖，不能行车，只好徒步。年轻人不愿走路，走了两英里就停下了，因此，他们只能欣赏两英里内的风光。与这些年轻人相比，几位长者不仅愿意走路，而且相信，三英里之外的景色更壮丽、更迷人。于是他们坚持不懈地走下去，终于领略了那里的独特风光。长者给年轻人讲述那里的美景，年轻人表示怀疑。在这种情况下，我们能说三英里外的独特风光不存在吗？有没有好的景色是一回事，看没看到这种景色是另一回事。客观存在是一回事，认识到这种客观存在则是另外一回事。从斯温伯恩的角度看，宗教经验好比五彩斑斓的颜色或神奇秀美的风光，宗教徒好比视觉正常的人或有信心的长者，无神论者好比色盲者或年轻人，理解了三者之间的关系，我们就能理解宗教徒所谓的宗教经验。

结　语

斯温伯恩的结论

斯温伯恩是自然神论者，自然神论的主要特征是，在自然界感知上帝，或者说通过自然来认识上帝。在他看来，宇宙的存在以及宇宙中那些永恒不变的自然规律，人的出现以及人的身体与心灵的神奇构造，人在自然界和人类社会改造自身、改造他人以及改造整个世界的那些重要契机，基督徒的精神生活等，都是上帝存在的证明。他的思路是由结果追溯原因，由事实本身追溯事实的起源。上述事实是不可否认的客观存在，它们需要解释；基督教的上帝能够提供一种合理解释。因此，上帝存在的可能性明显大于其不存在的可能性。这就是斯温伯恩的结论。

斯温伯恩学识渊博，著作等身，对哲学尤其是基督教哲学的所有重要问题，都有论述。我们不可能在这里详细介绍其所有思想。这本小册子所介绍的，是其最重要、最基本的一些思想观点。我认为，学习的有效方法之一是掌握要点，即最主要、最基本的知识或思想。掌握了这些要点，我们就能比较容易地由点及面，再去掌握那些不太重要的知识，扩大我们的知识面，加深我们的理解。

不同的读者有不同的需求。中国读者的需求一定不同于外国读者。同样的道理，外国名著不一定适合中国读者。因为他们有他们的问题，我们有我们的问题。他们写书，是为了解决他们的问题；我们写书，是为了解决我们的问题。在选择本书的论题时，我充分考虑了我们与他们的这种文化差异。我认为，本书的这些论题，如“上帝与宇宙”“上帝与人”“上帝与道德”“上帝与宗教经验”，是我们与他们都感兴趣的一些话题。中国作者与外国作者有一重大区别：中国作者比较了解中国读者的需求，一般来说，外国作者不太了解中国读者的需求。从这个角度看，这个小册子或许能够满足某些中国读者的需求。

学习基督教文化的用处

很多人对西方文化感兴趣。西方文化不仅包括西方的自然科学，而且包括西方的文学艺术和人文科学。基督教不仅是西方文学艺术和人文科学的重要组成部分，而且是某些科学理论所隐含的基本假设。这说明，基督教在西方文化中具有普遍的影响力。由此看来，不了解基督教，就不了解西方文化。对中国读者来说，学习基督教至少具有如下重要意义：1. 基督教思想有助于我们提高在现代世界的生存竞争力。知识就是力量。基督教思想是基督徒的知识，这种知识同样是一种力量。多一份知识，就多一份力量。无论在个人层面，还是在社会层面，我们都可以说，如果掌握了基督教思想的主要方面，我们就能在日趋激烈的生存竞争中，处于比较有利的地位。2. 基督教思想有助于增进我国与西方国家或其他国家的了解和友谊。了解一种思想文化就是了解一个国家或民族。基督教思想历史悠久，影响深远。只有了解它，才能尊重它；只有尊重它，我们才能赢得它的尊重。文化上的这种相互尊重不但能够促进彼此间的了解，而且能够推动我们与他们的贸易或其他方面的合作。3. 和谐社会的建设需要有一个良好的内部环境和外部环境。无神论和有神论是两种不同的世界观。大多数中国人是无神论者。无神论者对基督教有神论的了解，有助于不同信仰的人减少或避免不必要的误解、摩擦或冲突，有助于我们共同营造一个和谐安定的政治环境。

和谐中国与和谐世界应该成为所有人共同奋斗的目标。

附　录

年　谱

1934 年　12 月 26 日，出生于英国斯坦福郡斯梅西克市。

1939~1949 年　先后在艾塞克斯郡、萨福克郡上小学。

1949~1952 年　在著名的查特豪斯公立学校上中学。

1952~1954 年　服兵役，主要做俄语翻译。

1954~1959 年　在牛津大学哲学系攻读学士学位。

1959~1960 年　在牛津大学神学系攻读学士学位。

1961~1963 年　任英国利兹大学科学史与科学哲学莱芜哈姆席位研究员。

1963~1969 年　任英国赫尔大学哲学系讲师及高级讲师。

1972~1985 年　任英国基尔大学哲学教授。

1985~2002 年　任牛津大学哲学系基督教哲学诺罗斯讲席教授。

主要著作

1.《论有神论的连贯性》(*The Coherence of Theism*, 1977)

2.《论上帝的存在》(*The Existence of God*, 1979)

3.《信仰与理性》(*Faith and Reason*, 1981)

4.《责任与赎罪》(*Responsibility and Atonement*, 1989)

5.《启示》(*Revelation*, 1991)

6.《基督徒的上帝》(*The Christian God*, 1994)

7.《上帝是否存在?》(*Is There a God?* 1996)

8.《神意与罪恶问题》(*Providence and the Problem of Evil*, 1998)

9.《认识的证明》(*Epistemic Justification*, 2001)